我国实体零售商跨渠道整合研究

崔兴文 著

中国矿业大学出版社
·徐州·

内 容 简 介

在经济新常态下，实体零售业的创新发展和转型升级是促进消费升级、增强经济发展动能的重要途径。在制度层面的政策支持以及全渠道零售的发展趋势下，传统实体零售商正通过跨渠道整合，将零售业务从线下向线上延伸，扩大渠道范围，构建自己的全渠道零售模式。

鉴于理论界对于实体零售商跨渠道整合认知的不足，以及零售实践的迫切需要，本书基于零售组织、战略管理、新制度经济学、服务营销等领域的理论和思想，结合跨渠道整合的已有研究成果，运用多种定性与定量方法，系统探讨了我国实体零售商进行跨渠道整合的动因、路径以及演化过程，并利用企业客观事实数据和顾客感知数据，实证分析跨渠道整合对零售商经济绩效和非经济绩效的影响。本书结论对于正面临竞争压力和转型机遇的实体零售商，以及负责产业政策制定的政府部门，都具有一定的指导和参考意义。

图书在版编目(CIP)数据

我国实体零售商跨渠道整合研究 / 崔兴文著. —徐州：中国矿业大学出版社，2022.8

ISBN 978-7-5646-5141-1

Ⅰ. ①我… Ⅱ. ①崔… Ⅲ. ①零售业—研究—中国 Ⅳ. ①F724.2

中国版本图书馆 CIP 数据核字(2021)第 199312 号

书　　名　我国实体零售商跨渠道整合研究
Woguo Shiti Lingshoushang Kuaqudao Zhenghe Yanjiu
著　　者　崔兴文
责任编辑　褚建萍
出版发行　中国矿业大学出版社有限责任公司
(江苏省徐州市解放南路　邮编 221008)
营销热线　(0516)83885370　83884103
出版服务　(0516)83995789　83884920
网　　址　http://www.cumtp.com　**E-mail**:cumtpvip@cumtp.com
印　　刷　江苏凤凰数码印务有限公司
开　　本　787 mm×1092 mm　1/16　**印张** 9.25　**字数** 202 千字
版次印次　2022 年 8 月第 1 版　2022 年 8 月第 1 次印刷
定　　价　41.00 元
(图书出现印装质量问题，本社负责调换)

前 言

零售是流通产业促进经济增长而发挥先导性作用的重要载体。实体零售则一直是引导生产,扩大消费,满足消费者多样化、个性化需求的主要渠道。在经济新常态下,实体零售行业的创新发展和转型升级是促进消费升级、增强经济发展动能的重要途径。在制度层面的政策支持以及全渠道零售的发展趋势下,传统实体零售商正将零售业务从线下向线上延伸,扩大渠道范围,构建自己的全渠道零售模式。然而,处于全渠道战略转型期的实体零售商,由于缺乏整合或整合程度不够,无法发挥多渠道的优势;又或随着渠道范围的扩大,整合程度的提高,无法确定绩效的有效性。因此,掌握跨渠道整合的内在机理,充分发挥其优势,成为实体零售商和行业管理者非常关心的问题。

跨渠道整合作为零售商实现全渠道零售战略目标的关键过程和主要途径,已经引起理论界的关注和重视。现有文献对跨渠道整合的概念、内涵、模式以及理论框架进行了规范研究,关注其对实体零售商绩效的影响,重点聚焦在跨渠道整合与绩效之间的线性关系,但研究结论存在分歧:有研究认为,增加互联网渠道并进行整合,因协同效应提高了实体零售商绩效,也有研究发现,因渠道"竞食"和稀释效应会损害实体零售商的绩效。总体来讲,出现分歧的原因主要是缺乏对跨渠道整合的动因、过程以及绩效结果的系统分析和探究。

鉴于理论界对于实体零售商跨渠道整合认知的不足以及零售实践的迫切需要,本书基于零售、战略管理、新制度经济学、服务营销等领域的理论和思想,结合跨渠道整合的已有研究成果,运用多种定性与定量研究方法,系统探讨了我国实体零售商进行跨渠道整合的动因、过程以及对绩效的影响路径,并利用企业客观事实数据和顾客感知数据,分析了跨渠道整合对零售商经济绩效和非经济绩效的影响。

本书共分为8章。第1章是绪论,主要阐述研究背景,提出研究问题,并向读者说明本研究的研究意义、研究方法和逻辑思路,点明创新之处。第2章是文献综述与理论依据,主要对重要概念进行界定、回顾和梳理,评述研究现状,并阐述相关的理论依据,为后续工作奠定基础。第3章对实体零售商跨渠道整合的动因进行分析,利用战略管理理论的环境分析和适应范式,按外部环境和内部环境来探讨具体因素,回答"实体零售商为什么进行跨渠道整合"的研究问题。第4章分析跨渠道整合对实体零售商绩效的影响路径,讨论跨渠道整合影响绩效的正向路径和负向路径，回答“跨渠道整合如何影响绩效”的问题。第 5 章对实体零售商跨渠道整合的演化过程进行质性研究，按照扎根理论的方法和程序进行数据收集和分析，探索和归纳实体零售商跨渠道整合的过程，回答“实体零售商如何进行跨渠道整合”的问题。第 6 章以企业视角实证分析跨渠道整合对实体零售商经济绩效的影响，探究跨渠道整合与经济绩效之间的非线性关系，以及内外部环境因素的调节作用。第 7 章以顾客视角实证分析跨渠道整合对关系绩效的影响，回答和验证跨渠道整合对实体零售商非经济绩效的实际影响以及有效性的问题。第 8 章归纳和讨论全书的研究结论和实践应用，说明研究的局限性和未来方向。

通过系统的分析和论证，本书的主要发现和结论如下：

第一，实体零售商进行跨渠道整合是外部环境因素和内部环境因素共同驱动的结果。在外部环境因素中，技术因素作为推动力量，需求因素作为拉动力量，竞争因素和制度因素作为逼迫力量驱动实体零售商跨渠道整合；在内部环境因素中，内部的发展动机和资源基础则是实体零售商跨渠道整合的内生动力。

第二，跨渠道整合对实体零售商绩效的影响存在正向和负向两条路径，既可以通过创造市场、关系、渠道和成本优势提高绩效，也可能因为产生市场、关系、渠道和成本劣势降低绩效。具体来说，通过跨渠道整合，实体零售商可以通过增加销售机会、提高顾客忠诚、有利渠道“锁定”、降低交易成本等路径提高绩效。相应地，实体零售商也会因为渠道冲突和负面溢出、信息技术的过度使用、渠道特性消失和定位模糊、企业运营的复杂度增加和消费者的投机行为降低绩效。

第三，实体零售商的跨渠道整合是一个渐进演化的过程，整合进程可以分为六个阶段，随着整合阶段的上升，跨渠道整合的程度也不断提高。实体零售商的跨渠道整合随着资源整合范围的不断扩大以及信息技术应用水平的不断提高，分为六个阶段演化：建立互联网沟通渠道，建立互联网销售渠道，跨渠道信息一致，跨渠道功能一致，跨渠道策略一致，跨渠道系统一致。

第四，基于企业视角，跨渠道整合与实体零售商的经济绩效之间存在倒 U 形非线性关系，即跨渠道整合程度的增加，能够提升实体零售商的盈利能力，但增加到一定程度后，盈利能力会随之降低，两者之间存在“过犹不及”效应。而且，企业的实体零售经验会弱化跨渠道整合对经济绩效的正向影响，内部人力资本和外部的市场化水平则强化了跨渠道整合对经济绩效的正向影响。

最后，基于顾客视角，在顾客对零售商品牌涉入的中介作用下，跨渠道整合对实体零售商的关系绩效（顾客的价值共创行为）也存在非线性影响。即低程度的跨渠道整合情形下，跨渠道交互对顾客的价值共创行为产生负向影响；而高程度的跨渠道整合情形下，跨渠道交互对顾客价值共创行为的正向影响并不显著。

本研究的创新之处主要体现在四个方面。一是尝试探析了实体零售商的跨渠道整合机制和作用机理，完善了该领域的研究体系。本书系统性地探讨了实体零售商跨渠道整合的动因、过程以及对绩效的影响，发现并剖析了跨渠道整合程度与企业绩效间的非线性关系，为进一步研究提供基础和借鉴。二是基于中国情境，从动态“演化”视角，遵循扎根理论，探索出实体零售商跨渠道整合的“六阶段”过程。区别于现有研究的静态“截面”视角，该发现体现了跨渠道整合程度的动态性以及不同零售商之间整合内容的具体差异，从理论上细化和深化了对实体零售商跨渠道整合过程的认知。三是利用企业公开的客观事实资料和数据，从企业层面论证并检验了实体零售商跨渠道整合程度与经济绩效之间的倒U形关系，揭示了跨渠道整合的适度性问题。不同于现有研究对渠道整合与企业绩效间“非正即负”线性关系的讨论，研究结果合理地解释了现有研究在绩效有效性结论上的分歧，弥补了相关研究的不足。四是从经济绩效和关系绩效两个层面，全面刻画了跨渠道整合的影响。除了从企业层面论证对经济绩效的影响以外，本研究还基于服务主导逻辑和价值共创理论，运用调研数据，从顾客层面探讨和验证了跨渠道整合对实体零售商关系绩效的影响，为全渠道零售情境下顾客关系管理研究提供了新的方向。研究结论也进一步证实了实体零售商跨渠道整合程度与关系绩效之间的非线性关系，从而修正了理论和实践中的传统观念。

本书的顺利出版得到了安徽理工大学经济与管理学院领导和同事的支持和协助，研究过程离不开我的博士生导师西南财经大学谢庆红教授的帮助和指导，在此一并表示感谢。书中不足之处，敬请同行专家、广大读者批评指正。

崔兴文

安徽理工大学经济与管理学院

2022年6月

目　　录

1 绪　论

本章主要阐述研究的现实和理论背景，提出研究问题，说明本研究的研究意义、研究对象、具体内容和结构安排，介绍主要的研究方法和逻辑思路，最后点明创新之处。

1.1 研究背景及问题提出

跨渠道整合既是实体零售商的实践热点，也是零售领域理论研究的关注焦点。实践中的难题和疑问、理论研究中的不足和争议是本研究提出具体研究问题的依据。

1.1.1 研究背景

(1) 现实背景

随着我国经济发展进入新常态，流通在扩大消费、引导生产、促进经济结构和发展方式转型等方面越发具有先导性作用，流通产业也已经成为促进经济增长的先导性产业。零售是商品流通的重要基础，也是流通产业发挥先导性作用的重要载体。其中，实体零售一直是引导生产、扩大消费、满足消费者多样化和个性化需求的主要渠道。由此，实体零售商的创新发展和转型升级成为促进消费升级、增强经济发展动能的重要途径。国务院于 2016 年发布了《关于深入实施"互联网＋流通"行动计划的意见》以及《关于推动实体零售创新转型的意见》，从制度层面引导和推动实体零售商利用互联网、大数据等信息技术进行商业模式的创新转型，促进线上与线下渠道的融合。

实体零售商自身面对技术的革新、消费需求的变化以及网络零售的快速发展等外界压力，也纷纷"触网"，增加互联网渠道，将零售业务从线下向线上延伸，构建"实体＋PC 端＋移动端"的全渠道(omni-channel)模式。根据中国商务部公布的《2017—2018 年中国百货零售业发展报告》，2017 年有 86.3%的受访百货零售商正在开展线上线下融合(O2O)工作，其中，54.8%的受访零售商已经开展了电商业务。在已经开展电商业务的百货零售商中，73.3%的企业拥有自建电商平台，13.3%的企业既拥有自建电商平台也入驻第三方网络零售平台，37.7%的企业自建移动客户端。南都大数据研究院零售实验室的调研数据也显示，超过60%的实体零售商已经拥有4个以上数量的线上渠道。例如，王府井百货、永辉超市等传统实体零售商都建立了自己的电商网站、移动商城等网络零售渠道，或者与天猫、京东等网络零售平台合作，实现多渠道零售转型；并且积极进行跨渠道的信息、功能等多方面整合，将全渠道零售（omni-channel retailing）作为企业创新和转型的目标。

但是，一方面，现实中许多传统实体零售商在线上的业务延伸往往缺乏整合或整合程度不够，而无法发挥多渠道的优势。例如，Zendesk公司在2014年所做的一项关于全渠道顾客服务的调研显示，只有7%的受访者对零售商提供的跨渠道服务体验满意。另一方面，在全渠道零售的大潮下，随着渠道范围的不断扩大，跨渠道整合的程度也越来越高，而实体零售商们逐渐开始担心其绩效的有效性。2017年，普华永道公布一项有关实体零售商转型的报告显示，很多实体零售商整合线上业务的效果并不理想，其中能确定盈利的企业只有10%。

因此，在全渠道零售的趋势背景下，掌握跨渠道整合的作用机理，并发挥其优势，成为实体零售商们和行业管理者非常关心的问题。

(2) 理论背景

自从全渠道零售的观点（Rigby，2011）提出以来，国内外学者对全渠道零售的概念及理论框架进行了热烈讨论（Brynjolfsson et al.，2013；齐永智等，2014；Saghiri et al.，2017）。虽然对于全渠道零售的概念边界和内涵还存在很多分歧，但是多数学者一致认同跨渠道整合在其中的重要作用。换言之，全渠道零售是企业在多渠道零售的基础上，通过跨渠道整合来满足顾客多渠道购物的无缝体验需求，从而达到企业绩效最优化的目标（李飞，2013；Verhoef et al.，2015）。由此，跨渠道整合（cross-channel integration）成为零售商实现全渠道零售目标的关键过程，也是全渠道零售理论研究的核心问题。

跨渠道整合作为零售企业从多渠道向全渠道战略转型的关键过程和主要方式，已经逐渐引起理论界的关注和重视。除了对跨渠道整合的概念、内涵、模式以及理论框架的规范研究之外（李飞，2012；汪旭晖等，2013），学者们更加关注其对零售企业各方面绩效的影响。一方面，学者们认为零售渠道的增加和整合能够提高顾客对渠道的满意度和价值（Frasquet et al.，2017；Oh et al.，2010），促进顾客购买意愿（Li et al.，2018）和忠诚（周飞等，2017），提高零售效率（刘向东等，2017；Oh et al.，2012），增加销售机会和收入（Berry et al.，2010；Herhausen et al.，2015），并产生协同效应（Wu et al.，2015），因而提高企业的市场绩效。

另一方面，也有学者认为实体零售商进入网络零售领域，并进行渠道整合，会失去原有渠道的特性（Cao et al.，2015），降低原有忠实顾客的体验；而且容易引起顾客的机会主义行为，如“搜索”购物或“展厅”行为（Verhoef et al.，2007；

Rapp et al. ,2015),降低渠道的锁定效应;还会增加渠道冲突和经营风险(Fürst et al. ,2017),产生渠道"竞食"和稀释效应(Gallino et al. ,2014;Van et al. ,2011),最终导致零和游戏(Falk et al. ,2007)等负面影响。

虽然有研究证明跨渠道整合对企业绩效的正向影响大于负向影响,总体产生积极作用(Herhausen et al. ,2015;Cao et al. ,2015;黄漫宇等,2017),但是部分学者还是持怀疑态度。他们认为跨渠道整合并不是一个简单的问题,其对绩效的影响机制非常复杂,应该存在很大的不确定性(Zhang et al. ,2010;Kushwaha et al. ,2013)。正如著名的零售和营销领域学者 Verhoef 等人所言,跨渠道的整合和协同通常被认为是好的,但它总是好的(利大于弊)吗? 现有研究还没能给出很好的答案。

尽管全渠道零售和跨渠道整合得到越来越多的关注,但是关于跨渠道整合与零售商经济绩效和非经济绩效方面的知识和见解仍然非常有限,缺少对跨渠道整合的动因、过程以及经济和非经济后果的系统性分析和研究。以往学者关注的重点是跨渠道整合与绩效的线性关系,得出正向影响大于负向影响的结论(Herhausen et al,2015;Cao et al. ,2015)。综合现有研究成果发现,两者之间并非简单的线性关系,而可能存在非线性关系,但相关的论证和检验尚未出现。

另外,现有跨渠道整合对顾客行为和关系的影响研究中,大多基于传统的"交易"视角,着眼顾客购买意愿、重购意愿、顾客保留等交易关系的维护(吴锦峰等,2014;Emrich et al. ,2015;Li et al. ,2018;Frasquet et al. ,2017),却缺少全渠道零售情境中的"交互"视角。"交互"视角是基于服务主导逻辑,重视与顾客的价值共创,着眼于顾客的长期稳定关系,所以更加契合全渠道零售的核心思想。

在研究方法上,有学者提出全渠道零售研究中应该更加关注跨渠道整合对企业绩效的实际影响(Verhoef et al. ,2015)。当下学者们对跨渠道整合的研究多集中在全渠道零售与跨渠道整合的理论推理(Bell et al. ,2014;Verhoef,2012;Zhang et al. ,2010)、数理模型的构建(Neslin et al. ,2009;Ofek et al. ,2011)、基于实验法的探索研究(Bell et al. ,2017)以及基于消费者和管理者主观感知的实证分析(Van,2014;Oh et al. ,2012),但较少利用企业的公开事实数据来研究跨渠道整合对经济绩效的实际作用。

1.1.2 问题提出

通过对现实背景和理论现状的分析,发现已有研究存在诸多矛盾的观点和结论,而且缺乏对实体零售商进行全渠道转型情境的考量,难以解释和回答跨渠道整合有效性的问题。鉴于此,本研究试图重点解释和回答以下问题:

(1) 实体零售商为什么要进行跨渠道整合?受哪些因素驱动?其整合的过程

是怎样的?

(2) 全渠道零售的最终目标是企业盈利,那么实体零售商的跨渠道整合战略对企业盈利性经济绩效的影响总是利大于弊吗? 整合程度与盈利性是否存在倒 U 形的非线性关系? 如果存在,又会受到哪些内外环境因素的干扰?

(3) 全渠道零售思想强调零售商与顾客的"交互"关系,而非"交易"关系。基于实体渠道和网络渠道的全渠道"交互"如何影响实体零售商与顾客的长期关系绩效? 跨渠道整合扮演什么样的角色?

1.2 研究意义

本研究基于零售组织、战略管理、新制度经济学、服务营销领域的相关理论和思想,探讨中国实体零售商进行跨渠道整合的动因和过程,并结合企业客观事实数据和顾客感知数据,分析跨渠道整合对经济绩效和关系绩效的具体影响,因此具有重要的理论价值和实践意义。

1.2.1 理论价值

本研究的理论价值主要体现在以下三个方面:

(1) 系统分析和探讨实体零售商跨渠道整合的动因、过程以及对经济绩效和非经济绩效的影响,有助于理论上对跨渠道整合机理的掌握,进一步完善该领域的研究体系。

本研究综合运用理论演绎、扎根理论、实证分析等多种技术手段和方法,不仅分析了实体零售商跨渠道整合的外部和内部动因,探究跨渠道整合的内在过程,还分别基于企业视角和顾客视角,实证探讨跨渠道整合对实体零售商经济绩效和非经济绩效的具体影响,因此有助于学术界对跨渠道整合机理的全面掌握,并进一步完善该领域研究的理论体系。

(2) 基于中国情境,探索实体零售商跨渠道整合的演化阶段,从理论上细化和深化了对跨渠道整合过程的认知,一定程度上弥补了现有研究的缺憾。

近十年来,中国是世界上网络零售发展最快和规模最大的新兴经济体,实体零售与网络零售融合发展的趋势最为典型和显著,但以中国实体零售商在 2010 年之后的跨渠道整合实践为研究对象,探索实体零售商融合网络零售的微观过程研究尚未出现。本研究按照扎根理论的方法和程序进行数据收集和分析,探索和归纳跨渠道整合的不同演化阶段,并通过对"苏宁易购"和"王府井百货"的案例分析,验证结论的有效性和可靠性,从而弥补了现有研究的不足。

(3) 基于企业视角,提出并验证跨渠道整合程度与实体零售商盈利性经济绩效之间的倒U形关系，并揭示跨渠道整合的适用性，在理论上丰富了全渠道零售的理论研究成果，推动对跨渠道整合适度性和有效性的讨论。

全渠道零售已经成为零售领域研究的热点课题，本研究区别于现有研究对概念性理论框架的讨论以及整合行为对销售收入和顾客行为影响的验证，而是综合考虑了全渠道战略对零售商绩效的正向和负向影响路径，探究在收益和成本的双重作用下，跨渠道整合与企业盈利性绩效的非线性关系。这种非线性关系的揭示和验证，在一定程度上丰富了跨渠道整合与企业绩效的关系研究，有助于推动全渠道战略有效性的讨论。

(4) 基于顾客视角，将全渠道零售思想与服务主导逻辑相结合，以跨渠道交互和顾客忠诚为切入点，发现跨渠道整合程度不同，跨渠道交互对企业关系绩效(顾客忠诚关系)的影响不同，因此可以进一步拓展全渠道零售在顾客关系管理方面的研究。

传统多渠道顾客关系管理认为每一个渠道即为一个顾客触点，或者企业与顾客交互的媒介。全渠道零售情境下，顾客与企业的交互是多种渠道的并行作用，即顾客在同一次购物过程中同时利用多种渠道。本研究基于服务主导逻辑，构建跨渠道交互影响顾客的零售商忠诚的理论框架，分析跨渠道整合程度的调节作用。将服务主导逻辑与全渠道零售思想相结合，为今后研究提供了新的视角，有助于利用服务主导逻辑理论拓展全渠道顾客关系管理研究。

1.2.2 实践意义

本研究对于正面临竞争压力和转型机遇的实体零售商以及负责产业政策制定的政府部门，都具有一定的指导和参考意义。具体体现在以下四个方面：

(1) 可以指导实体零售商正确理解和实施全渠道零售战略，认清跨渠道整合与经济绩效的关系，帮助其实现顾客跨渠道无缝体验的同时，实现经济绩效的提升。本研究认为，实体零售商的跨渠道整合程度与企业盈利性绩效呈现倒U形关系，整合程度过高反而会降低企业盈利。这对不顾代价努力推进全渠道零售战略的实体零售商具有一定的警示作用。

(2) 有助于实体零售商根据自身内外环境因素合理确定跨渠道整合的程度。由于全渠道零售更多停留在理论探讨阶段，在现实零售产业情境下，零售业态存在多样性，不同实体零售商面临不同的内外部环境。探讨不同影响因素对跨渠道整合与绩效关系的调节作用，有利于企业更好地发挥跨渠道整合的优势，提升企业竞争力。

(3) 有利于实体零售商在全渠道零售中，合理调整跨渠道整合程度，提高顾客关系管理水平。本研究探讨了跨渠道整合在实体零售商与顾客跨渠道交互中发挥的作用，对企业在顾客关系管理中确定适当的整合程度具有指导意义。

(4) 本研究的研究观点和结论也可以为政府主管部门的产业政策决策提供参考。目前，国家正在大力发展现代流通产业，促进实体零售商加快“互联网+”的创新转型。本研究的研究结论可以揭示实体零售商进行跨渠道整合，实现全渠道战略转型的内在机理，可供政府部门在扶持和促进流通产业发展以及制定产业政策时参考和借鉴。

1.3 研究对象及概念界定

本研究立足零售行业的全渠道零售趋势，选取处在创新转型期的我国实体零售商为研究对象，关注其跨渠道整合行为。为保证研究的针对性和严谨性，需要对涉及的重要概念进行科学界定。

1.3.1 实体零售商

零售(retailing)的含义有广义和狭义之分。广义的零售是指为最终消费者销售商品和服务的商业活动，包括所有面向最终顾客的销售活动(Berman et al.,2010)。广义的零售不仅指商品的零售活动，还包括服务的零售活动，比如餐饮服务、银行服务、宾馆服务以及旅客运输服务等。

狭义的零售是指向用于个人或家庭消费的最终消费者销售商品并提供相应服务的商业活动(周筱莲等,2009)，如销售食品、百货、服装、电子产品、汽车、医药等。本研究中的零售是指狭义的零售，主要原因是:第一，本研究的研究对象是我国《国民经济行业分类》(GB/T 4754—2017)的零售行业，根据国民经济行业分类，零售业主要包括百货商店、超级市场、专门零售商店、品牌专卖店、售货摊等主要面向最终消费者(如居民等)的销售企业，与狭义零售的内涵相符;第二，学术研究中，国内外零售领域的研究主题多以面向最终消费者的商品零售活动为主，所以采取狭义的零售含义符合零售研究的主线。

零售商(retailer)，或称零售企业，是完成零售活动的一种商业组织，相对于生产商和批发商，其将商品直接销售给最终消费者，处于商品流通的最终环节。零售商为了满足消费者的不同需求，塑造行业竞争力，会将相应的要素进行组合，从而形成不同的经营形态，即零售业态(retail formats)(夏春玉,2002;李飞,2006)。根据《零售业态分类》(GB/T 18106—2021)，我国零售业态分为有店铺零售(store-based retailing)和无店铺零售(non-store retailing)。零售业态具有竞争性、互补性、适应性和演进性等特点(芮明杰等,2007)。同一零售商根据自己的战略部署，可以同时经营多种业态，也可能因为内外环境的变化而改变零售业态。本研究中的实体零售，即指有店铺零售业态。

到目前为止，国内外机构组织和学术研究已经提出很多种零售企业的分类方法，但还没有形成公认的统一标准。总体上，学术界和社会媒体往往讨论两种零售企业类型：实体零售商(brick-and-mortar retailer)和网络零售商(online retailer)。

实体零售商(brick-and-mortar retailer)又被称为传统零售商(traditional retailer)，是指主营零售业态为有店铺零售(如，百货商店、折扣店、超级市场、食杂店、便利店、专业店、专卖店、家居建材商店、购物中心等)的商业企业，如沃尔玛、王府井、永辉超市等零售企业。网络零售商(online retailer)又称电子零售商(e-retailer)或互联网零售商(internet retailer)，是指以互联网为媒介，以无店铺零售为主要零售业态的商业企业，如亚马逊、京东等零售企业。

实体零售商相对于网络零售商具有一定的优势，主要体现在：① 在当地具有一定的品牌知名度；② 拥有大的客户群体基础；③ 对供应商有较强的议价能力；④ 在当地有完善的基础设施网络；⑤ 给顾客实体的购物体验(Enders et al.，2000)。但是，随着互联网经济和电子商务的发展，网络零售商凭借其低成本和信息技术优势，经营绩效往往优于传统的实体零售商(Herhausen et al.，2015)。因此，面对网络零售商的竞争和市场需求的变化，传统的实体零售商纷纷进行零售业态的调整和改变，增加线上渠道，向多渠道零售(multi channel retailing)以及全渠道零售(omni-channel retailing)转型。

1.3.2 跨渠道整合

整合即为“整理、组合”之意，也就是通过整顿、协调，使分散的部分彼此衔接，并最终形成整体。资源整合一直是指导经济、社会、管理等领域研究以及实践的重要思想。渠道是零售商最为关键的资源，随着渠道形式的多样化，通过整合获得资源异质性已经成为现代零售商们提高竞争力的核心战略方向。

近年来，虽然跨渠道整合已经成为中外零售和营销领域学者感兴趣的研究话题，但学术界仍然没能形成统一的定义。从现有研究对跨渠道整合概念的阐述视角看，可以分为企业视角和顾客视角。

基于企业视角，学者们的观点主要聚焦在企业的收益和对多渠道的管理上，认为跨渠道整合是协调多种渠道，通过协同效应提高企业绩效的一种途径。基于该视角，跨渠道整合被视为协调多种交互形式(如，销售渠道、媒体渠道、履单模式、网站和实体商店)的渠道管理方式，其目标是利用每个渠道的优势获得更多销售机会，实现规模经济(Chaffey，2010)，从而提高企业绩效(Neslin et al.，2006)。比如，Chiu 等(2011)指出，跨渠道整合是企业在服务过程中线上和线下渠道之间能够相互支持以及相互切换；Herhausen 等(2015)认为跨渠道整合是不同渠道之间的相互协调和交互程度。Oh 等(2012)基于 IT 能力,认为跨渠道整合是零售企业在他们的服务交付系统中,利用 IT 技术整合跨职能的渠道资源和运营活动的过程。

基于顾客视角,研究者认为跨渠道整合是以顾客为导向,对渠道资源进行组合和协调的过程,是实现顾客关系管理目标的一种途径。基于该视角,在零售环境中,跨渠道整合被视为提高顾客购物体验的有效方式(Neslin et al.,2006),研究如何通过整合让顾客获得多渠道间的无缝体验(Verhoef et al.,2015),进而提高顾客满意度和顾客收益(Payne et al.,2004)。例如,Berman 等(2004)认为跨渠道整合程度较高的多零售商能够允许消费者方便地在一种渠道获取产品信息,而在其他渠道购买,或者也可以在另外一种渠道提货或者退换货。Mcgoldrick 等(2007)指出跨渠道整合允许消费者根据自己的购买需求和偏好在不同渠道间"无缝"转换。Frasquet 等(2017)认为跨渠道整合是零售企业为了向顾客提供不同渠道间的无缝体验而对各种渠道进行的组合和管理。

以上两种视角都不能完全反映企业对全渠道零售战略的期望(Neslin et al.,2009;Verhoef,2012)。跨渠道整合的概念需要从企业和顾客两个视角来综合界定(Cao et al.,2015)。因此,本研究认为跨渠道整合(cross-channel integration)是零售企业为了向消费者提供跨渠道的无缝购物体验,并实现自身绩效最优化,对可利用的多种渠道资源进行设计、部署和协调的管理过程。

1.4 研究内容与结构安排

为了达到本研究的研究目的,解决提出的研究问题,接下来要详细阐述具体的研究内容及相应的结构安排。

1.4.1 研究内容

本研究基于零售组织、战略管理、新制度经济学以及服务营销领域的相关理论和思想,综合运用定性和定量研究中的多种技术方法,探讨实体零售商进行跨渠道整合的动因、过程以及对绩效的影响。具体研究内容如下:

(1) 理论分析实体零售商进行跨渠道整合的动因,以及对绩效影响的正向和负向路径。分析动因的目的是回答"为什么"的问题,洞悉影响整合进程和程度的具体内外部因素。分析路径是为了回答"如何"的问题,理清跨渠道整合的正面和反面作用,为后续研究奠定基础。

(2) 利用扎根理论的程序和方法,基于中国情境,探索实体零售商跨渠道整合过程的不同阶段。对整合过程的探索是回答"是什么"的问题,根据动态视角,剖析实体零售商对互联网渠道的最初涉入高度整合的演化过程，也为下一部分内容的整合程度测量提供依据。

(3) 借助中国A股上市零售企业的公开数据，实证分析和检验跨渠道整合程度与企业盈利性绩效的倒U形关系，验证内部和外部环境的主要变量对两者关系的调节效应。该部分内容是回答"经济有效性"的问题，选择收益和成本的平衡视角，说明跨渠道整合对企业经济效益的综合影响。

(4) 通过调研获得顾客感知数据，实证分析和检验跨渠道整合程度与实体零售商关系绩效的联系，验证在整合程度高低不同的情境下，跨渠道交互影响顾客忠诚关系的不同机理。该部分将利用全渠道零售思想和服务主导逻辑的"交互"视角，讨论跨渠道整合程度的高低不同对于跨渠道交互"关系效果"的影响，回答"关系有效性"的问题。

1.4.2 结构安排

根据研究内容，本研究将分为8章来展开论述：

第1章为绪论。主要介绍本研究的现实背景和理论背景，提出研究问题，指出具体的研究意义，阐述研究的主要内容和结构安排，说明研究方法与技术路线，最后提炼本研究的创新之处。

第2章为相关文献回顾与理论依据。首先，对全渠道零售、跨渠道整合、实体零售商绩效等关键概念进行界定；然后分别对该领域的相关文献进行回顾、梳理和评述；最后从零售、战略管理和新制度经济学等理论视角分别论述跨渠道整合研究的理论依据。

第3章分析跨渠道整合动因。综合产业组织分析和战略管理分析思路，在相关研究的基础上归纳驱动实体零售商跨渠道整合的外部环境因素（技术因素、需求因素、竞争因素和制度因素）和内部环境因素（内部的发展动机、企业的资源基础），并推理内部驱动机制。

第4章分析跨渠道整合影响实体零售商绩效的路径。针对实体零售商的具体情境，跨渠道整合能够塑造哪些方面的优势，又会带来哪些方面的劣势，现有研究仍然缺乏系统分析。因此，本章在已有研究成果的基础上，理论归纳出相应的市场、关系、渠道以及成本优势，还提出相应的劣势，最后形成具体的路径。

第5章为跨渠道整合过程的质性研究。本章遵循扎根理论的方法和研究过程，基于我国上市实体零售商的公开二手资料，对其跨渠道整合进程进行质性研究。通过数据收集、三级编码过程的数据分析，探索实体零售商跨渠道整合的演化过程。

第6章是基于企业视角，实证分析跨渠道整合对实体零售商经济绩效的影响。鉴于跨渠道整合对于零售企业的"经济有效性"还存在争议，本章将在前面分析的基础上，实证分析并验证跨渠道整合与实体零售经济绩效之间的非线性关系（倒 U 形关系），以及内外部主要环境变量的调节作用。

第 7 章是基于顾客视角，实证分析跨渠道整合对实体零售商关系绩效的影响。本章在前面验证跨渠道整合与经济绩效的非线性关系基础上，继续探讨其对顾客关系绩效发挥的非线性作用，验证跨渠道整合程度的高低不同对于跨渠道交互的“关系效果”的影响。

第 8 章为主要研究结论及未来展望。主要对本研究的研究结果进行总结，讨论相应的实践应用，最后提出本研究的研究局限和未来研究方向。

1.5 研究方法与逻辑思路

为了完成预期研究目标，解决提出的研究问题，并且根据研究内容的需要，本研究将规范研究与实证研究相结合，综合采用了定性与定量研究的多种技术方法，制定了科学、清晰的逻辑思路。

1.5.1 研究方法

本研究具体采用的研究方法主要有以下几种：

（1）文献分析法

文献分析法是对已有的文献资料进行收集、查阅和梳理，获取国内外相关领域的研究现状，掌握研究脉络和趋势，帮助研究者找到研究问题的研究方法。本研究通过对全渠道零售、渠道整合、零售绩效以及关系营销的相关研究成果的梳理和分析，把握最新研究动态，提出具有较高理论价值和现实意义的研究问题。

（2）扎根理论

扎根理论是在自然情境下，利用文献或其他资料分析、开放性访谈、参与式观察等方法，在系统的信息收集和三层次编码的基础上，对社会现象进行深入探究，寻找反映社会现象的核心概念，建立联系并形成理论命题的一种理论构建的质性研究方法或方法论。本研究将遵循扎根理论的研究方法和步骤，对我国上市零售企业的跨渠道整合过程进行质性分析，构建实体零售商跨渠道整合过程和程度的理论框架。

（3）内容分析法

内容分析法（content analysis）是质性研究过程中的一种数据分析方法，既可以作为过程研究，也可以辅助最后的理论建构，是在质性研究过程中常用和适用的分析方法。本研究利用内容分析法对选取的样本企业公开发布的年度报告进行文本分析，在扎根理论的研究方法框架下完成编码过程；在实证分析过程中帮助确定样本零售企业的跨渠道整合程度。

(4) 数理统计分析

利用扎根理论和内容分析法获得了样本企业近 8 年统计期内的跨渠道整合程度数据，通过专业数据库获得其他相关变量或代理变量数据，最后形成面板数据。利用 Stata 14.0 软件对面板数据进行回归分析，验证跨渠道整合与企业盈利性的倒 U 形关系，以及实体零售经验、人力资本、市场化水平、市场异质性等内外环境变量的调节效应。基于问卷调查法获得顾客感知数据，利用 Spss 24.0 统计分析软件进行信效度分析和多层线性回归，验证跨渠道整合程度高低不同情境下，实体和互联网渠道并行交互对“顾企共创”关系的影响机理。

(5) 问卷调查法

问卷调查法是实证研究中获取一手数据资料的常用方法。通过参考相关变量的成熟量表，科学设计调查问卷，最终获取了 387 份有效顾客问卷，弥补了企业公开数据无法体现顾客意愿的缺陷。问卷调查法为本研究实证分析跨渠道整合对企业关系绩效的影响提供了数据基础。

1.5.2 逻辑思路

根据研究目的和内容，本研究的逻辑思路如图 1-1 所示。

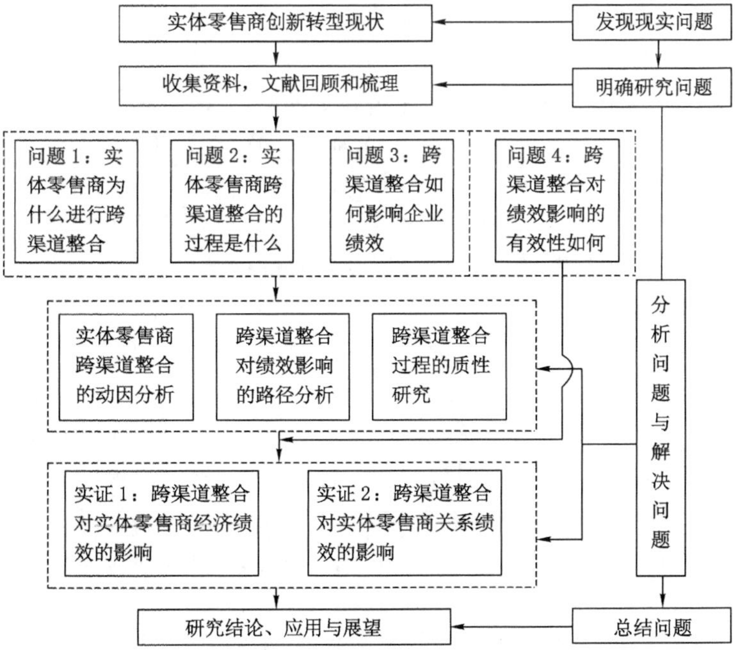

图 1-1 本研究的逻辑思路图

1.6 研究创新

本研究基于国家现代流通产业创新发展的现实背景，立足于实体零售商的全渠道转型进程，系统地研究跨渠道整合的动因、过程和结果。除了通过文献分析和理论演绎提出规范性的观点之外，相较于以往研究，本研究的创新点还突出体现在以下几个方面：

(1) 研究内容上，本研究尝试探析了实体零售商的跨渠道整合机制和作用机理，完善了该领域的研究体系。本研究系统性地探讨了实体零售商跨渠道整合的动因、过程以及对绩效的影响，发现并剖析了跨渠道整合程度与企业绩效间的非线性关系，为进一步研究提供基础和借鉴。

(2) 研究视角上，本研究基于中国情境，从动态“演化”视角，遵循扎根理论，探索出实体零售商跨渠道整合的“六阶段”过程。区别于现有研究的静态“截面”视角，该发现体现了跨渠道整合程度的动态性，以及不同零售商之间整合内容的具体差异，从理论上细化和深化了对实体零售商跨渠道整合过程的认知。

现有研究更多从静态的“截面”角度将跨渠道整合划分为信息流程整合和人员处理流程整合，或者过程整合和内容整合。静态视角虽然便于观测和考察，但是不能反映跨渠道整合程度的动态发展以及不同企业间的具体差异。因此本研究从动态“演化”视角，利用扎根理论归纳出实体零售商从初始利用互联网渠道到系统性整合的六个具体阶段。该发现能够体现跨渠道整合程度的动态性，以及不同零售商之间的具体差异，在理论上细化和深化了对实体零售商跨渠道整合过程的认知。

(3) 研究方法上，本研究利用企业公开的客观事实资料和数据，从企业层面论证并检验了实体零售商跨渠道整合程度与经济绩效之间的倒U形关系，揭示了跨渠道整合的适度性问题。不同于现有研究对渠道整合与企业绩效间“非正即负”线性关系的讨论，本研究的论证和发现合理地解释了现有研究在绩效有效性结论上的分歧，弥补了相关研究的不足。

关于跨渠道整合对零售企业经济效益的作用，学界存在不同的观点和结论。本研究提出跨渠道整合与实体零售商盈利性之间存在倒U形的非线性关系，并进行证明和检验；分析了内外环境中的主要因素所形成的边界条件，揭示了实体零售商进行跨渠道整合的适度性和适用性问题，因而很好地解释和回答了学界的争议。

(4) 理论框架上，从经济绩效和关系绩效两个层面，刻画跨渠道整合的影响。除了从企业层面论证经济绩效的有效性以外，本研究还基于服务主导逻辑和价值共创理论，运用调研数据，从顾客层面探讨和验证了跨渠道整合对实体零售商关系绩效的影响，为全渠道零售情境下顾客关系管理研究提供了新的方向。研究结论也进一步证实了实体零售商跨渠道整合程度与关系绩效之间的非线性关系，从而修正了理论和实践中的传统观念。

将全渠道零售思想与服务主导逻辑相结合，以跨渠道交互和价值共创为切入点，发现跨渠道整合程度不同，跨渠道交互对企业关系绩效（顾客忠诚）的影响不同。在整合程度低的情况下，实体渠道和网络渠道会产生“替代效应”，跨渠道交互通过顾客对零售商品牌的涉入水平降低顾客对零售商的忠诚度；但是在整合程度高的情况下，理论上的跨渠道“互补效应”并没有产生。研究结论也进一步验证了实体零售商跨渠道整合程度与关系绩效之间的非线性关系，进而修正了理论和实践中的传统观念。

2 文献综述与理论依据

本章主要回顾和梳理全渠道零售、跨渠道整合、实体零售商绩效以及跨渠道整合如何影响实体零售商绩效等方面的相关研究成果，阐述相关的重要理论依据，最后对研究现状进行综合述评。本章的主要目的是为后续工作奠定研究基础和理论依据。

2.1 全渠道零售相关研究

由于互联网渠道的出现和数字化技术的进步，零售业在过去二十年中发生了巨大变革。原有的零售业务流程发生了变化，也引起一系列新的零售渠道出现。如今的零售市场产生了颠覆性发展，互联网渠道的快速兴起给传统零售带来巨大挑战（杜丹清，2015）。新零售渠道与传统的零售渠道并存，它们之间相互影响，相互竞争。因此，零售行业迎来发展机会的同时，也面临严峻挑战。在这种新的错综复杂的竞争环境中，传统的零售理论部分失效（李飞，2013），适应新环境的全渠道零售模式成为理论学者和企业决策者青睐的对象。

2.1.1 全渠道零售模式的产生背景

随着互联网技术及网络零售的发展，在全渠道零售模式产生之前，多渠道零售成为多数实体零售商的战略选择。学者们也开始关注传统的实体零售商是否应该增加线上渠道，以及新的网络零售商是否也应该拓展线下渠道（Avery et al.，2012）。Neslin 等（2006）认为渠道就是企业与顾客的触点，也是企业与顾客交互的媒介。多渠道零售即是零售企业利用多种触点和交互媒介与顾客达成交易的过程。而多渠道零售管理就是对多种渠道进行设计、部署、协调和评估的过程，目的是有效地进行顾客获取、保留和开发，并最终提升顾客价值。

在多渠道零售阶段，学者们主要的研究焦点是渠道的增加对顾客消费行为和企业绩效的影响，尤其互联网渠道的出现对其他渠道销售绩效、企业总体销售绩效或者顾客关系的影响。例如，Verhoef 等（2007）研究了消费者在线下渠道（商店）、线上渠道（网店）和传统的直销渠道之间的"搜索购物"行为，即购物者会在线上渠道（或线下渠道）进行信息搜索，而在另外渠道购买。Ansari 等（2008）和 Melis 等（2015）还研究了因多渠道零售组合而产生的顾客渠道迁移以及渠道选择问题。还有其他学者研究了渠道的增加或者减少对原有渠道的顾客购买意愿、顾客价值销售绩效的影响(Van et al.,2011;Gensler et al.,2012;Konuş et al.,2014;Homburg et al.,2014)。

当然,在多渠道零售情境中,企业界和学术界也关注渠道整合的问题,但新的渠道一般会被独立开发和管理,整合程度非常有限(Verhoef,2012)。Neslin等(2006)提出渠道整合是多渠道零售的一个重要研究课题,但学者们大多只考虑促销或价格等功能性整合(Grewal et al.,2011;刘晓峰等,2016)。尤其近年来,营销和零售领域受到了数字化的进一步挑战(Leeflang et al.,2014)。随着手机移动端、平板电脑、社交媒体的出现,以及这些新的渠道形式逐渐被消费者和企业接受,零售渠道的格局发生了根本变化。因此,Rigby(2011)提出“我们正在从多渠道零售模式转向全渠道零售模式”。

“全渠道”(omni-channel)最初是零售专业人员用来形容消费者对多种渠道的同时使用。随后,学术研究者开始尝试定义这种新兴的购买行为。现有文献中,最早提出“全渠道”概念的是 Rigby(2011)。他认为,全渠道购物(omni-channel shopping)是一种综合的体验,因为它结合了实体商店和电商网站的优点。全渠道购物者不同于传统购物者,他们同时利用多种不同渠道,并且在购物过程中模糊了搜索阶段和购买阶段。

之后,中外学者基于不同视角,不断提出和完善“全渠道”的概念。Levy 等(2013)从渠道关系的角度,将全渠道零售定义为多渠道产品和服务供应的协调,这种协调能为顾客提供所有零售渠道间的无缝体验。我国学者李飞(2013)基于零售本质的讨论,认为全渠道零售也是服务于零售的本质,即满足顾客购物、娱乐和社交的需求,不同于单渠道、多渠道和跨渠道零售,它是企业采取尽量多的零售渠道类型,并进行组合和整合的销售行为。李飞(2014)又基于营销的视角,提出全渠道营销的概念,即个人或组织为了满足顾客购物、娱乐和社交的综合体验需求,实现各自利益,组合和整合线上、线下尽可能多的渠道类型的营销行为。齐永智等(2015)根据 SOLOMO(社交化、本地化、移动化)消费视角,认为全渠道零售是零售企业高度整合和协同适当多的渠道类型,满足消费者随时随地购物、娱乐和社交的多渠道间无缝的最佳体验。Verheof 等(2015)从管理的视角给出了全渠道零售管理的定义,即全渠道零售管理是对众多可用渠道和顾客触点的协同管理,以此来优化跨渠道的顾客体验和渠道绩效。刘向东(2014)以及 Chen 等(2018)基于商业模式视角提出,移动互联时代条件下,零售企业应该综合“全渠道营销”和“全渠道零售”向全渠道商业模式转变。

2.1.2 全渠道零售研究的主要观点

尽管全渠道零售的概念自从2011年提出以后，学术界的研究还仍然处于起步阶段，但是经过零售、营销、信息以及供应链管理领域的学者们不断讨论和完善，全渠道零售研究初步形成了以下主要观点：

第一，相对多渠道零售，全渠道零售更强调渠道利用范围的扩大。与多渠道零售更多关注实体渠道、线上渠道和直销渠道不同，全渠道零售情境下，在售前、交易、配送以及售后不同阶段，不同渠道或媒介类型被综合利用和整合(Saghiri et al.,2017)。Rigby(2011)认为全渠道零售通过评估每个顾客触点和渠道替代方案，将实体商店的物理优势与网络渠道的信息优势相结合，来提供和丰富综合的顾客体验。李飞(2013)认为，在全渠道零售情形下，几乎一种媒体就是一种零售渠道，不仅包括有形店铺，还包括无形店铺以及大众信息媒体。例如，实体商店、服务网点等有形店铺，电视或电话购物、电子商务网站、手机终端应用、上门直销等无形店铺，信息门户网站、电子邮件、微信、微博等大众信息媒体，都可以成为全渠道零售的渠道范围。零售企业应该组合和整合尽可能多的渠道类型，在全部可利用的渠道范围内进行渠道选择、配置和评估等决策。因此，全渠道零售的渠道不仅涵盖销售渠道，还可以包括信息渠道、配送渠道、营销渠道等(李飞,2014;Saghiri et al.,2017)。

第二，"全渠道"情境下，渠道之间的自然边界开始消失，不同渠道的特征也变得模糊。新技术的普及和应用将打破传统的地理障碍和消费者的信息障碍，也使得消费者在购物过程中可以实现不同渠道间的自由转换(Venkatesan et al.,2007)。实体零售店的独特之处在于允许消费者触摸和感受商品并提供即时的满足感；网络零售商则会试图通过广泛的产品选择、低廉的价格以及产品评论和评级等内容来吸引购物者(Brynjolfsson et al.,2013)。在多渠道零售研究阶段，学者们认为消费者在搜索和购买过程中，渠道之间可以相互转换和替代，企业可能无法控制消费者的这种渠道迁移行为，因此跨渠道购物获得了较多关注(Verhoef et al.,2007)。但在全渠道零售研究阶段，展厅现象(showrooming)成为一个重要的课题。Brynjolfsson等(2013)认为，随着零售行业向无缝的"全渠道"体验发展，顾客无论使用哪种渠道，顾客的购物过程应该是平稳的，并且应该能够得到无缝的、一致的体验，物理渠道和在线渠道之间的区别将消失，任何渠道都可以变成没有围墙的"展厅"。因此，全渠道情境下，不同渠道间的自然边界开始消失，渠道特征也变得模糊。这也使得竞争战略及商业模式的转变对于零售企业及其供应链伙伴将变得至关重要(Chen et al.,2018)。

第三，全渠道零售不仅强调渠道范围的扩大，还重视顾客与渠道、企业品牌间的交互性。全渠道零售研究中，研究人员对顾客接触点如何影响品牌和零售绩效的问题更感兴趣（Baxendale et al.，2015）。在多渠道视角下，原有渠道或新渠道的销售绩效是关注的重点，例如，新渠道的增加是否会增加或者降低已有渠道的销售业绩或者效率（Gensler et al.，2012；刘向东等，2017）。而全渠道零售更加重视零售企业的整体绩效，强调顾客、渠道、企业品牌之间的沟通和互动，通过多种渠道媒介的“桥梁”作用提高顾客对企业品牌的满意、认同和忠诚，而不仅仅是对某一渠道的满意（Verheof et al.，2015；Barwitz et al.，2018）。因此，全渠道零售是零售企业对所有可利用渠道的协同管理，在顾客不同的消费阶段，通过不同渠道满足不同顾客的交互需求，建立起与企业品牌之间的长期关系（Piotrowicz et al.，2014）。

第四，跨渠道整合是实现全渠道零售目标的核心过程。跨渠道整合和流畅的跨渠道体验被认为是全渠道零售模式的核心，它从根本上将全渠道服务与传统的多渠道服务区分开来（Beck et al.，2015）。Shen 等（2018）指出，“全渠道”不仅是多个渠道的同时使用，同时还包括多渠道并行的协同管理和无缝集成的顾客跨渠道体验。跨渠道整合是多渠道客户关系管理的核心内容（Neslin et al.，2006），能够使顾客在渠道转换中获得无缝体验，提升满意和忠诚（Lee et al.，2010）。基于企业角度，跨渠道整合也能够创造渠道协同效应，提高企业销售绩效、权益和效率（Cao et al.，2015；吴锦峰等，2016；刘向东等，2017）。因此，“跨渠道”被学者们认为是由传统的“多渠道”向理想的“全渠道”的必经途径，是实现全渠道期望目标的核心过程（齐永智等，2014；张沛然等，2017；Saghiri et al.，2017）。

2.2 跨渠道整合相关研究

基于组织视角的渠道整合研究大多关注功能活动、资源能力以及过程的协作。零售视角的跨渠道整合与传统营销视角的渠道管理在内涵方面有相似之处，但也有所不同。渠道管理领域的文献通常将渠道整合区分为垂直（纵向）整合和职能整合（Banerjee，2014）。垂直整合是体制和制度的整合，这种整合会将两种或两种以上相对独立的渠道组织形成相互依存的关系，或者形成统一的所有权关系，接受统一控制。职能整合是在创造效用的过程中，渠道组织内部和跨组织的人员和部门之间的合作。零售视角的跨渠道整合既有体制和制度的整合，也包括了职能方面的整合，但是在内涵和维度上具有其特殊之处。

2.2.1 跨渠道整合的内涵

现有研究对于跨渠道整合的内涵存在争议。争议的焦点主要集中在两个方面:一是整合的渠道数量和类型;二是关于多种渠道的利用和控制方式。

首先,在整合的渠道数量和类型方面,有学者认为整合的渠道类型在一种以上,并能够保持所有渠道的一致性和协调性即可认为是跨渠道整合。但是也有学者认为跨渠道整合的零售组织必须同时拥有和同步利用实体渠道和互联网渠道(Goersch,2002)。Payne 等(2004)则认为整合的对象可以包含所有可行的商业渠道。实证研究中,跨渠道整合的对象比较多样化,可以是实体渠道与电商网站(Hernant et al.,2017)、手机客户端(Cao et al.,2018)、"云"信息渠道(Bhargave et al.,2016)、社交媒体(Rapp et al.,2013)等渠道类型的相互整合,也可以是对企业上下游商业资源渠道的整合(Shervani et al.,2007)。当然,也有研究基于网络零售商情境,探讨网络渠道整合实体渠道的问题(Darke et al.,2016)。

其次,对于多种渠道或媒介的利用和控制方式,部分学者强调跨渠道整合或交互就是对多渠道的同步利用和集中控制,保持各渠道间的服务流程和内容的高度一致性(Sousa et al.,2006)。还有学者的概念较为宽泛,认为跨渠道整合就是根据需要对多种渠道进行不同利用,协同效应的产生不一定依靠统一管理和控制,也不必要保持渠道间的完全一致,可以同时利用渠道区隔策略(汪旭晖等,2013)。

不管是在整合渠道的数量、类型,还是利用和控制方式,从实体零售商进行全渠道零售转型的实践来看,跨渠道整合的渠道范围是逐步扩大的,利用和控制的程度也是由低到高的过程。Neslin 等(2006)认为,渠道之间协同的程度可以由完全的渠道分隔到完全的渠道合作。Bagge (2007)因此提出多渠道零售的"阶段"论,根据整合程度的不同,渠道之间由完全分隔到完全整合的过程可以分为不同的阶段。因此,本研究也根据"阶段论"的观点,认为跨渠道整合是一个发展和演化的过程,在此过程中渠道之间相互作用和一致性的程度不断深化。

2.2.2 跨渠道整合的维度

现有文献对跨渠道整合的维度没有一致的标准,划分的视角也各有不同。梳理已有成果发现,学者们对跨渠道整合的维度界定存在三个视角:整合内容视角、整合效果视角和整合过程视角。

基于整合内容视角,学者们多关注跨渠道服务过程中的信息、功能以及流程方面的整合。Berman 等(2004)认为,渠道整合应该包含整合促销、整合产品一致性、整合消费者、整合价格和库存信息等多方面。Jiang 等(2015)的研究指出，渠道整合包括信息整合、消费者服务整合以及渠道入口。Oh 等(2010,2012)认为，在以信息技术为基础的顾客接触流程中，渠道整合维度可以分为整合促销、整合交易信息、整合产品和价格信息、整合信息入口、整合订单履行、整合顾客服务。Piotrowicz 等(2014)指出，全渠道零售框架下的渠道整合类型可以分为：整合促销、整合交易、整合价格、整合订单履行、整合逆向物流、整合产品信息、整合顾客服务。周飞等(2017)基于沟通视角，认为多渠道整合是通过运用适当的多渠道组合策略保证与顾客的充分沟通和互动，达到顾客在跨渠道过程中的体验一致性，并将多渠道整合划分为信息整合、业务整合和过程整合三个维度。

基于整合效果视角，现有文献关注的重点在于顾客跨渠道的无缝体验，认为渠道整合应该包含一致、透明、协同、互补等目标。Lee 等(2010)根据消费者对零售企业整合效果的感知，将跨渠道整合维度划分为信息一致性、渠道选择自由性、电邮营销有效性、渠道互惠性、商店服务的增值性等 5 个维度。Robey 等(2003)则认为线上渠道和线下渠道的整合应该形成渠道强化、渠道协同、渠道互惠以及渠道互补等 4 个方面的系统关联。Piotrowicz 等(2014)认为多渠道整合应该达到渠道间产品透明、需求透明、订单与付款透明、库存透明、配送透明、供应透明的目标。张沛然等(2017)又在 Lee 等(2010)和 Jiang 等(2015)研究的基础上，将渠道整合维度分为渠道接入多元化、产品信息一致性、用户信息共享性和流程整合性等 4 个维度。

基于整合过程视角，对零售渠道整合维度进行研究的文献较少，主要观点认为跨渠道整合是一个整合程度由低到高的动态演化过程。代表性的成果有 Bagge(2007)和 Cao 等(2015)的研究。Bagge(2007)提出多渠道“成熟度”模型，将零售渠道整合过程分为 5 个阶段：增加新渠道形式、渠道间基本因素一致、多渠道运作熟练、跨渠道提高、跨渠道运营优化。Cao 等(2015)基于对美国零售企业的定性分析，将多渠道整合分为 4 个阶段：多渠道独立、多渠道最小化整合、多渠道中等程度整合、多渠道完全整合。黄漫宇等(2017)基于该视角将中国零售企业全渠道零售水平分为“仅实体渠道”至“深化全渠道”等 5 个阶段。

整合内容和整合效果视角便于研究者掌握跨渠道整合的内在结构，更具全面性，方便顾客或管理者的主观评价以及确定整合内容和效果的不足；整合过程视角更加具有动态性，可以体现零售企业跨渠道整合的发展规律，有利于企业根据不同阶段确定适当的整合内容。本研究将根据研究目的，结合不同视角，探讨实体零售商的跨渠道整合行为。

2.3 实体零售商绩效相关研究

在零售领域，学者们对实体零售商绩效的研究视角各不相同，研究结论也有所差异。现有关于跨渠道整合对零售商绩效的影响研究主要聚焦三个层面：企业层面、渠道层面和顾客层面。

2.3.1 跨渠道整合对企业层面绩效影响的相关研究

企业层面绩效是指所有渠道在收益与成本方面的综合业绩。现有研究一般基于多渠道零售情境，讨论渠道的增加和整合对企业整体绩效的影响，主要存在以下三种观点和结论。

(1) 渠道的增加和整合能够提高零售企业的整体绩效

有研究认为，增加和整合新渠道不仅能够提高服务质量，还能够促使渠道之间相互引流，有助于顾客跨渠道购买，增加销售机会(Berry et al.，2010；Neslin et al.，2006)。多渠道组合还能使企业通过各种媒介保持与消费者的沟通和联系，从而增加交叉销售的机会(Gulati et al.，2000)。Herhausen 等(2015)利用技术采纳模型和技术扩散理论，在现有线下渠道新增线上渠道的情境中，利用实验法发现渠道整合(物理整合和信息整合)可以提高互联网渠道的服务质量，并降低顾客的感知风险，既提升了各自渠道的销量，也促进了企业整体的销售绩效。Cao 等(2015)基于美国 71 家上市零售企业的 2008—2011 年的年报数据，通过实证检验认为跨渠道整合对企业的销售增长具有积极作用。Wu 等(2015)通过对中国台湾地区 200 家零售企业的调研，研究发现“鼠标＋砖头”的渠道整合策略能够对不同购买阶段(售前、售中、售后)的渠道协调性产生积极影响，进而实现多渠道的协同效益。Pauwels 等(2015)研究了多渠道零售中跨渠道促销的效果问题，结果显示基于互联网和实体商店的联合促销不但增加了线上商店的销量，也增加了线下商店的客流量和销量。另外，顾客数据的跨渠道共享，还可以使交叉销售的机会最大化(Payne et al.，2004)。

还有研究认为，渠道的增加和整合能够提高零售效率，进而加强了企业整体绩效。例如，刘向东等(2017)利用中国连锁零售企业的数据，检验了实体零售商的“触网”策略对技术效率的影响，结论认为增加互联网渠道能够正向促进实体零售商的技术效率。雷蕾(2018)通过比较纯实体零售商、网络零售商和多渠道零售商的全要素生产率，发现多渠道零售商的生产率明显高于纯实体零售商。Oh 等(2012)基于对 125 家多渠道零售企业的调研数据分析发现，通过 IT 技术进行跨渠道整合能够加强零售企业的运营效率和创新能力，最终提高企业绩效。

此外，跨渠道整合还能提高零售企业的整体权益。例如，吴锦峰等(2016)以我国传统实体零售商为研究对象，探讨了跨渠道整合对零售企业整体权益的影响，研究结论揭示跨渠道整合对零售企业整体权益会产生正向影响。

(2) 渠道整合也会负向影响零售企业的整体绩效

有学者认为，增加并整合不同类型的零售渠道会提高运营成本，因为实体零售商在进行跨渠道运营和管理时会面临更加具有挑战性的环境(Zhang et al., 2010)。如，Konuş等(2014)不同于传统思路，利用一个大型零售商5年的顾客面板数据，研究了搜索渠道的减少对购买发生率、订单规模、渠道选择以及最终对销售和利润的影响；其研究结果发现，取消一个搜索渠道(目录渠道)反而增加了企业的销售业绩和利润，这也间接说明利用过多的渠道不一定能够增加顾客的购买频率以及购买数量，却可能增加企业的运营成本。Gallino等(2017)利用数学模型和特定零售企业的实际销售数据，验证了线上线下渠道间的功能整合(库存共享)对渠道销售离散性和库存管理的影响；研究结果也表明，线上线下渠道间的功能整合会提高市场销售的离散性，最终导致企业库存水平的提高和成本的增加。张武康等(2015)的实证结论同样揭示，实体零售商引入网络零售业态短期内会对企业绩效产生负面影响。

另外，虽然通过渠道之间的目标、信息、功能等多方面整合，理论上能够解决渠道冲突问题，但现实中，渠道之间的界限不可能完全消失，不同渠道形式仍然会同时存在，而且相互关联，所以渠道冲突和负面溢出效应是不可避免的(Du et al., 2019)。随着电子商务的发展，传统实体零售商将互联网作为新渠道，并将其引入现有零售系统时，他们将面临传统渠道与互联网渠道之间的渠道冲突问题。新渠道可能会部分地蚕食现有渠道的市场，而不是增加总的销量(Choi et al., 2019)。Verhoef等(2007)也提出跨渠道的整合并不是没有风险和潜在负面影响的，整合不同的渠道会提高顾客的搜索购物行为，即顾客在一种渠道搜索信息，而在另一渠道购买，这会降低特定渠道的“锁定”效应，损害渠道另一方的利益。

(3) 影响机制复杂，积极作用和消极影响同时存在

有学者指出，渠道数量的多少和整合程度的高低对零售商绩效的影响不是一个简单的问题(Zhang et al., 2010; Herhausen et al., 2015)。Van(2014)的研究发现，不同渠道间营销变量(形象、价格、品类)的整合对多渠道企业既存在优势，同时也产生一些劣势。一方面，它可以促进顾客忠诚以及跨渠道维系顾客关系；另一方面，它也会导致渠道之间产生竞食效应，降低企业的整体绩效。

最后，还有研究认为，多渠道或跨渠道零售对企业整体绩效的影响效果要受到内外环境的多重因素干扰。比如，Van(2014)认为零售企业的异质性是干扰

跨渠道整合积极作用的一个复杂因素。Oh 等(2012)也得出结论,认为环境的动态性会调节渠道整合对企业绩效的正向影响。Kushwaha 等(2013)的研究结论与传统的认知相反,认为跨渠道购买的消费者不一定比单渠道购买的消费者更具价值,因为跨渠道零售对企业绩效的积极作用会受到产品类型(享乐性产品和功能性产品)的影响。

2.3.2 跨渠道整合对渠道层面绩效影响的相关研究

在多渠道情境中,学者们对渠道层面绩效的研究主要关注渠道的增加对现有渠道绩效的影响,或者渠道整合分别对原有渠道或新增渠道的影响。

(1) 跨渠道整合对不同渠道的影响是不对等的

因为渠道之间的特征存在差异,不同整合因素对不同渠道绩效的影响效果也存在差异。例如,Gallino 等(2014)利用准实验的研究方法发现,线上线下的渠道整合(线上购买,线下取货)可以提高线下商店的销量和客流量,但会降低线上渠道的销量。Jin 等(2010)通过对 203 位多渠道购物消费者的调查发现,线下渠道因素(声誉、线下渠道满意)通过晕轮效应能够提高线上渠道的满意和忠诚;但是消费者对线下渠道的忠诚并不能直接转变为线上渠道的忠诚。Van 等(2011)利用荷兰一家全国性大型零售企业的数据,研究发现互联网信息网站的引入导致顾客在线下渠道的光顾频率和花费明显降低,说明线上信息渠道的引入和利用对线下渠道的销售绩效产生了负面影响。Pentina 等(2009)通过对多渠道零售企业的互联网站进行内容分析得出,高水平的渠道间协作能够提高零售企业的线上销售绩效,但是实体与电商的功能整合程度过高,整合策略对线上销售的影响就不再明显。

(2) 跨渠道整合对不同渠道的影响效果受渠道类型和消费者特征等因素的干扰

在现有渠道基础上整合新的渠道,整合的效果应该与渠道类型和消费者特征有关。例如,Avery 等(2012)利用准实验的方式,研究了“砖头+鼠标”的跨渠道整合过程中新渠道的增加对现有渠道的影响;其结论认为,不同渠道具有不同的能力,渠道类型不同,渠道整合对绩效的影响结果不同。Melis 等(2015)通过一个渠道选择模型和为期两年的英国家庭购买面板数据,实证分析了多渠道策略对顾客线上消费的影响;研究结论认为,线上商店与线下商店的商品品类整合程度越高,整合策略对消费者的线上消费越有效,但随着消费者互联网经验的增加,整合策略的作用就会明显减弱。Pauwels 等(2011)的研究也认为,互联网渠道对线下渠道销售收入的影响取决于产品类型和消费者群体。

2.3.3 跨渠道整合对顾客层面绩效影响的相关研究

顾客层面的零售绩效研究大多关注跨渠道整合对顾客购买行为和顾客关系的影响。

(1) 整合多种渠道能够增加顾客价值,提高顾客的光顾和购买意愿

在渠道整合对顾客消费行为的影响方面,现有文献一般认为,增加渠道并进行整合,能够提高消费者的感知价值,增加购买意愿。比如,Melis 等(2016)利用一个英国家庭消费面板数据,分析增加线上渠道对顾客购买行为的影响,发现采取价格和品类整合战略的零售商,顾客更愿意访问其线上渠道并增加消费。Li 等(2018)利用推-拉-系框架,探讨顾客对跨渠道整合的反应,研究认为跨渠道整合能够增加顾客的购买意愿,其中感知不确定性、品牌吸引力和转换成本扮演着推、拉和系的角色。Emrich 等(2015)的研究认为,多渠道整合程度对消费者感知价值和光顾意愿能够产生积极影响,但受到商品类别结构(替代关系、互补关系、独立关系)的调节。

(2) 跨渠道整合对顾客满意和忠诚具有积极作用

在顾客关系方面,现有研究大多认为多渠道零售或跨渠道整合能够提高顾客的满意度和忠诚度。例如,Bendoly(2005)对三个零售企业的多渠道购买顾客进行调研认为,线上和线下渠道的信息整合和物理整合可以弥补单一渠道的缺货对顾客保留的负面影响,并且发现高水平的整合与更高水平的忠诚、更强的顾客黏性密切相关。Oh 等(2010)利用价值共创理论和服务接触模型,论证了在实体渠道和电子渠道的混合业务模式下,顾客接触程度低的跨渠道流程整合(整合促销信息、整合产品和价格信息、整合交易信息)能够加强信息质量;同时顾客接触程度高的流程整合(整合信息入口、整合订单履行和顾客服务)能够提高顾客感知的服务便利性,最终达到增加顾客价值和满意的目标。齐永智(2017)的研究结论也认为,实体渠道和电子渠道的整合服务质量能够整体提高顾客对企业的忠诚。汪旭晖等(2017)利用实验法研究跨渠道价格策略对多渠道零售企业品牌权益的影响,结论认为线上线下的同价策略相比异价策略能为企业带来更高的品牌权益。Frasquet 等(2017)对西班牙和英国的服装零售企业的 761 名多渠道购物者进行调研,提出多渠道整合的两个维度(互惠和协调)能够积极促进线上和线下渠道的顾客满意,从而提高顾客忠诚。

(3) 渠道整合对顾客关系的积极影响也存在不确定性

虽然多数学者认为,渠道之间进行流程或功能整合能够促进顾客的购买意愿,提高顾客忠诚。但是也有学者发现,跨渠道整合对顾客绩效方面的积极影响也不是绝对的,这与零售商自身因素以及细分市场的特征因素有关。如,Chiu

等(2011)在顾客跨渠道"搭便车"(free-riding)行为的研究中发现,跨渠道整合对顾客的渠道"锁定"效应并不显著,也不会阻止顾客的"搭便车"行为。Li 等(2015)关注了多渠道零售对不同顾客群体购买行为的影响,研究结论与传统观点相反,发现互联网渠道的引入和利用对后期采用者(较晚利用互联网渠道的购物者)购物数量的积极作用更大,而不是早期采用者(较早采用互联网渠道的购物者)。Emrich 等(2015)发现,渠道之间的整合程度对顾客感知价值的作用效果会受到渠道特性的影响,而且跨渠道的完全整合不一定优于非完全整合。

另外,基于信息、大数据技术的高度跨渠道整合,还会引起顾客困惑和对隐私的担忧,结果导致顾客关系绩效的降低(Maier et al.,2014;蒋洁,2014)。Schramm-Klein 等(2011)基于对多渠道消费者的调研,认为跨渠道整合通过信任和零售企业形象的中介作用,会对顾客忠诚产生积极影响,但也能激发消费者的渠道迁移行为。Du 等(2019)根据风险厌恶视角,认为在多渠道并行的零售情境中,消费者为了防止期望不能满足而产生的失望,必须要掌握和具备足够丰富的经验,但这会增加顾客的交易成本,降低满意度和忠诚度。

2.4 相关理论基础

2.4.1 零售组织相关理论

学者们为了解释零售业态的发展和形成机理,从不同角度提出了零售组织以及零售业态演化的理论。其中最具代表性的理论是"零售之轮"理论、真空地带理论、新"零售之轮"理论、零售辩证进程理论。

"零售之轮"理论是美国零售专家 M. 麦克尔(M. P. Mcnair)在 1958 年提出的,并得到业内的广泛接受。该理论认为零售业态诉求点的变化是以价格—备货—服务—价格的循环为主,发展的根源在于传统业态随着竞争加剧,竞争成本不断攀升,最终失去竞争优势,导致被新的低成本业态取代,如此往复形成"零售之轮"。但是,当时在美国、日本和欧洲出现了"零售之轮"不能解释的现象,像超级市场、购物中心等新业态都是以"高价格、高服务"导入,而不是"低成本"。

为了弥补当时"零售之轮"理论无法解释的新现象而暴露出来的缺陷,Nielsen(1966)提出"真空地带"理论。该理论假设同一行业的零售企业提供的服务程度多样化,相应的价格也高低不同,即提供服务越多价格越高,形成低低、中中、高高等销售形态组合。消费者对销售形态的偏好形成单峰形,偏好低低、高高的消费者处于曲线两端,比偏好中中组合的消费者分布要相对狭窄。受行业内部竞争的影响,两端的业态会挤向处于消费者偏好分布中心的业态,这样两端分布形成了“真空地带”。

新“零售之轮”理论是日本零售学者中西正雄在1996年基于“零售之轮”理论和“真空地带”理论提出的。首先,新“零售之轮”理论引入了“技术边界线”的概念。零售业态中,零售价格和零售服务的组合都会受到当时信息技术、物流水平以及管理技术水平的限制,在一定技术水平下,为达到某一服务水平而必需的最低价格水平线称为技术边界线。其次,新业态要想取得竞争优势,并上升成为主要业态,必须要突破原有技术边界线(向右下方移动),在信息技术、物流和管理上进行技术创新。最后,新“零售之轮”理论解释了零售业进行技术革新的动机:技术边界线不变,竞争激化,利润率下降,为谋求竞争优势和高额利润而技术创新;由于退出壁垒,技术边界线内侧企业无法顺利退出,只能被迫进行技术创新;新进入企业利用其他产业的技术创新,以保证在零售行业的竞争优势。

零售辩证进程理论是基于辩证方法来分析零售业态的演进过程,认为零售业态的发展也是按照“正—反—合”的辩证逻辑过程进行的。该理论的主要观点是原业态(正)和新业态(反)相互取长补短,便会形成更新的业态形式(合);新的零售业态不是对原业态的完全否定,而是对原经营形势的优势和合理成分进行吸收和保留,在保留优势的基础上吸收和融合新的成分(韩耀,2008)。

上述零售相关的演化理论为新业态的出现、新业态的形成以及被消费者接受的动因、新旧业态之间的竞争等方面提供了理论解释。尤其,“新零售之轮”理论弥补了“零售之轮”和“真空地带”理论的缺陷,从理论上可以解释新业态的进入并取得优势,并不是因为真空地带的存在,也不是因为短期费用结构的优势,而是由于技术革新。

根据“新零售之轮”理论,由于技术的革新,网络零售利用信息和成本的优势成为新的零售形式。传统的实体零售商因为竞争激化,利润下滑,也被迫进行技术创新,增加并整合网络渠道,向多渠道和全渠道零售转型。根据零售辩证进程理论,全渠道零售作为新的零售业态,也应该在实体零售的基础上整合基于互联网技术的新零售模式,并且要取长补短,有所扬弃。

总之,现有零售理论能够较有效地解释零售业态的发展,以及实体零售商进行跨渠道整合的动因,也为以云计算、大数据、物联网、人工智能等信息技术变革为基础的“新零售”取代传统零售提供了理论基础。但是仅从零售理论视角探讨实体零售商的跨渠道整合及全渠道零售战略转型,容易忽视企业内部微观因素、外部制度因素以及消费者需求因素等多方面的影响,因此还需要其他重要理论的支持。

2.4.2 战略管理相关理论

资源基础观(resource based view,RBV)现已成为战略管理研究领域的主流理论,也是主导范式,并且在运营、营销、人力资源、创新创业等学科中受到广泛应用。它很好地回答了现实中同行业的不同公司之间的业绩差异问题,也能解释同行业集团范围内的绩效差异问题。

RBV是在传统组织经济学理论的基础上扩展了资源的范围,认为资源在企业间是不完全流动的,而且难以复制,这样就形成了企业资源的长期异质性。企业拥有的异质性资源可以为企业带来竞争优势和长期绩效。Barney(1991)认为企业拥有的异质性资源应该具有价值性、稀缺性、独特性和不可替代性的特点。王丰等(2002)补充认为必须具备价值型、复制障碍和占有能力三个特征的资源才能称为企业的优势资源。但是,该理论发展到现在也受到了学者们对其忽视资源的时间属性和配置过程等方面的批评(Bromiley et al.,2016;Kraaijenbrink et al.,2010)。Hitt等(2016)认为这些批评都是集中针对资源基础理论的原始观点,而没有考虑到其发展过程和当前的研究现状。

Teece等(1997)将动态能力(dynamic capabilities)与RBV观点相结合,认为企业的动态能力是竞争优势的源泉,其更明确地描述了企业的发展路线和对资源开发和重构的重视。动态能力理论的核心观点是,在不断变化和不可预测的市场环境中,企业整合、重构以及开发内外资源的能力是企业竞争优势的来源。基于该观点,企业战略和运营管理领域的研究者普遍认为,企业必须不断开发、整合和升级资源来保持持续的竞争能力。我国学者董保宝等(2011)也指出市场竞争的加剧迫使企业不断地根据外部环境来对其资源进行配置和重构,只有通过对资源的整合提高其动态能力才能确保绩效的提高和竞争力的持续。因此,结合资源基础观和动态能力观,拥有异质性资源并对资源进行整合对保持持续竞争力是非常重要的(Wang et al.,2007;Wu,2010)。

资源编排理论(resource orchestration theory)则是资源基础观的另一个理论扩展。Sirmon等(2007)认为,持有有价值的、稀有的、无法模仿的和不可替代的资源是企业获得竞争优势的必要条件但不是充分条件。除此之外,企业还必须有效地管理这些资源。具体来说,资源编排理论认为企业的异质性资源仅是其获得竞争优势的前提条件,将资源禀赋转变为优于竞争者的创造性产品和服务,还必须取决于企业对资源的管理方式、过程以及情境因素的支持(Barney et al.,2011;Chadwick et al.,2015)。企业应该管理或编排自己的资源,包括构建资源组合(获取、积累或开发、剥离资源),捆绑资源来创造能力,然后通过适当的策略利用这些能力。总之,资源编排理论是基于资源基础观的理论扩展,强调了管理行为在“资源—能力—竞争力”过程中的能动作用，强调管理行为、资源、能力的有效组合是提高企业竞争力的根本途径。

渠道是零售企业重要的异质性资源，相对于竞争对手的渠道优势是零售企业竞争力的主要源泉。在消费者从单渠道、多渠道到全渠道消费不断变化的外部环境中，实体零售商配置和整合包括互联网渠道在内的多种渠道资源，能够提高复杂环境中的动态能力，增加资源异质性。根据资源编排理论，渠道资源的获取和整合也要根据企业内部情境，确定合理的整合方式和程度，创造优于竞争者的服务，实现企业效益。

2.4.3 新制度经济学相关理论

整合多种渠道资源，降低企业与顾客、供应链合作伙伴之间的交易成本（transaction costs）是跨渠道整合的重要目的。交易成本理论（transaction costs theory）来自科斯 1937 年的开创性研究，认为新古典经济模型中的价格机制并不是完美的和没有成本的，企业存在的经济原因恰恰是市场交易中价格机制的替代。他将交易成本定义为企业所需要付出的获取准确市场信息的费用，以及交易过程中谈判和经常性契约的费用。威廉姆森（Oliver E. Williamson）将交易成本理论引入组织战略研究领域，使其成为研究组织现象最为深远的理论。通过对交易成本的分析，交易成本理论关注的重点是交易成本的降低和价值获取、避免交易不确定性和机会主义以及市场交易活动和层级制度的改变。威廉姆森认为一项交易具有资产专用性、不确定性和交易频率三个属性，并利用比较制度研究方法，提出不同交易属性下的最优交易形式。

人们处理信息的有限能力以及信息的不完全决定着交易成本。有限理性（bounded rationality）是指行为人主观上追求理性，但受信息处理能力的约束，客观上只能有限做到的行为特征。交易成本理论的行为假定不同于新古典经济学的“经济人”假定，主张交易参与者都是“契约人”。“契约人”的行为属性区别于追求效用最大化的“经济人”的理性行为，其具有“有限理性”和“机会主义”的特征。由于人们行为的有限理性，会导致交易契约的不完备，这又为机会主义行为的产生提供了土壤。机会主义是一种以不诚实或者欺骗的方式追求私利的“损人利己”行为，它会导致交易无法顺利完成或达到最优的状态。有限理性和机会主义行为在不同的资产专用性、不确定性和交易频率等交易特征下，会不同程度地影响契约的遵行，从而产生不同程度的交易成本。因此，企业应该根据交易的具体特征来选择适当的组织形式，避免机会主义行为（曾楚宏等，2006）。

信息的不完全或不完备是新制度经济学关于委托代理理论，或者契约经济学、信息经济学的逻辑基点。信息的非对称性对市场机制的影响是该领域学者分析的重点。信息非对称(asymmetric information)是指所有市场参与者掌握的信息是不同的,即交易的一方会拥有另一方不拥有的信息。市场中信息的非对称性会深度影响市场中参与者的交易关系,信息优势方的参与者为了在市场交易中获得更多利益可能会故意隐瞒私人占有的信息,而市场参与的另一方则会因信息劣势而使利益受损,即形成所谓"劣币驱逐良币"的逆向选择(adverse selection)问题。在信息非对称的市场中,还会产生道德风险或败德行为(moral hazard)。道德风险是指信息优势方为了使自身效用最大化,利用隐藏的信息损害信息劣势方的利益或效用的行为,而信息劣势方由于信息缺乏又无法确认。在非对称信息市场中,为了避免由逆向选择和道德风险导致的市场失灵或低效问题,交易双方应该寻找一种更好的信息传递方式来提高市场效率,也就是信号传递或信号理论(signaling)。信号传递是指拥有私人信息处于信息优势的市场参与一方采取行动,选择某种信号作为媒介向信息劣势的一方传递交易相关信息,以消除信息非对称的影响,从而规避逆向选择,使市场有效率。

零售学者们也将交易成本理论应用到了零售企业的跨国经营、线上销售、连锁经营管理等研究当中(Grüschow et al.,2018)。基于交易成本理论视角,实体零售商利用互联网、大数据等信息技术整合多种渠道类型和资源,能够降低获取市场信息的成本以及交易过程和维系客户的成本。但是,同时也可能增加交易的不确定性以及顾客机会主义的产生。

基于信息经济学角度,如果零售企业和消费者在产品和服务的相关信息方面是对称的,那就可以提高市场效率,降低交易成本,达到资源配置的帕累托最优。但是现实世界中,零售市场是典型的信息非对称市场,企业和消费者对产品和服务的品质信息是不完全和非对称的,零售企业处于信息优势地位,消费者处于信息劣势地位。因为对于产品的工艺、质量水平及购销成本等信息,零售企业处于优势地位,消费者拥有较少的信息而处于劣势地位;而且消费者只有在使用后才能确定和评价产品性能和质量,由此消费者掌握的信息相对企业也是滞后和不全面的,在交易过程中始终处于信息劣势地位。为了降低这种信息非对称的程度,提高交易效率和降低交易成本,一定的信号传递机制是非常必要的(卫海英等,2005)。

实体零售商整合多种类型的交互渠道,也是为了降低信息非对称程度和提高交易效率而建立的一种信号传递机制。跨渠道整合可以提高企业的品牌资产,品牌资产作为企业产品和服务质量的积极信号可以提高顾客的购买意愿和忠诚。但也有学者怀疑这种信号机制的积极作用,因为过多的交互渠道和信息技术(如云计算和大数据)的过度应用会引起顾客的困惑和对隐私的担忧(Maier et al.,2014;Lee et al.,2016)。

2.4.4 服务营销相关理论

零售业属于典型的服务行业，是推动产品经济时代向服务经济时代转型的重要力量。服务主导逻辑(service-dominant logic,S-D Logic)在服务经济领域的相关问题研究中占有非常重要的地位，显示出良好的解释能力和强大张力。该理论框架和体系涵盖了企业资源与竞争优势、市场交易机制、价值产生机制以及服务生态系统等四大类命题(Vargo et al.,2004,2008,2016)。

服务主导逻辑认为操作性资源(operant resources)才是竞争优势的根本源泉，其是无形的和动态的，是操作对象性资源(operand resources)的资源，如，对渠道资源进行整合的知识和技能。在服务主导逻辑下，对象性资源是被操作用来传递服务和价值的资源，如商品、资源材料、货币、设施设备等。对于零售企业来说，零售渠道是传递服务和价值的通道，是一种对象性资源，对渠道管理整合的知识、技术和能力才是操纵性资源。实体零售商渠道类型的增加是对象性资源的扩展，跨渠道整合能力才是取得战略优势的关键。

在服务主导逻辑框架下，一切经济交易的基础是服务，所以经济活动都是服务经济。区别于商品主导逻辑，商品被认为是服务的传递机制，人们是为服务而交换服务，商品交换不是目的(刘林青等,2010)。全渠道零售背景下，零售企业不但利用实体商店和线上商城等商品销售渠道，还要利用社交媒体、大众媒体等多种信息沟通渠道，目的就是满足消费者的购物、娱乐、社交等综合服务需求。

服务主导逻辑的另一个重要主张是“价值共创”(value co-creation)，认为顾客始终是价值的共同创造者。从此，价值共创成为企业客户关系管理的重点(Yi et al.,2013)。企业不能传递价值，只能提供价值主张，企业与顾客间的交互才是价值共创的基础和平台(Prahalad et al.,2004)。信息技术的发展为实体零售商与顾客交互提供了更多的渠道类型，企业应该整合可利用的渠道资源，摆脱内外部的约束，通过有效交互提供价值主张，为顾客参与价值共创、实现使用价值(value in use)创造条件。

服务主导逻辑的最后一类命题强调，所有价值创造的参与者都是资源整合者，一起构造服务生态系统。基于该命题，我们可以认为全渠道零售是一个服务系统，跨渠道资源整合的过程是由零售企业自身以及外部顾客、供应商、合作伙伴、其他利益相关者共同参与的过程，整合的程度和效果会受到内外多种因素促进和干扰。

总之，服务主导逻辑框架及理论体系为实体零售商在全渠道零售模式下的关系管理奠定了理论基础，为跨渠道整合行为对关系绩效的作用机理研究提供了新的视角。

2.5 综合评述

全渠道零售已经成为学术界关注的热点课题，跨渠道整合作为实现全渠道零售目标的核心过程也成为学者们聚焦的重点。虽然现有研究在全渠道零售模式的理论概念和框架、跨渠道整合的内涵和效果等方面积累了比较丰富的成果，但是仍然存在一些不足和缺憾有待弥补。

第一，现有跨渠道整合的研究结论尚不明晰。自从 Rigby(2011)提出全渠道零售的观念之后，跨渠道整合受到学界重视的时间已满 10 年，但存在研究视角比较单一、研究情境不够具体的问题。学者们利用不同的视角和情境，甚至得出截然不同的结论，这不利于跨渠道整合研究的进一步发展，限制了对零售实践的指导价值。

第二，现有研究对跨渠道整合的认知更多处于静态视角，往往基于某一时点评价整合程度的高低，而忽视了渠道整合的动态性。当前，学者们多是利用某一时点的截面数据来评价跨渠道的整合效果，容易造成不同时点对绩效的影响结论不统一。零售企业，尤其实体零售商的跨渠道整合经历了从单一的实体渠道，到增加互联网渠道，再到部分整合以至完全整合的动态过程。本研究将既考虑跨渠道整合的不同阶段过程，又考虑不同阶段应该具有的整合效果，从过程和效果的立体层面界定跨渠道整合的内涵与维度。

第三，虽然少数研究已经认识到跨渠道整合对零售商绩效的影响机制较为复杂，可能存在非线性关系，但是其倒 U 形关系没能得到充分论证和验证。有研究证明跨渠道整合对企业绩效的正向影响大于负向影响，总体产生积极作用，但部分学者认为跨渠道整合并不是一个简单的问题，其对企业绩效的影响机制非常复杂(Zhang et al.，2010；Kushwaha et al.，2013)，提出渠道策略应该遵循适度性原则的观点(李飞等，2017)。但是，相关的论证和实证研究尚未发现。

第四，现有跨渠道整合的实证研究大多针对多渠道的部分功能整合，这已经不符合全渠道零售的情境。已有研究更多地探讨线上、线下渠道在销售活动中的整合，或者线上、线下销售渠道某一功能的整合(如，线上下单，商店配送)。全渠道零售包含的渠道类型更加广泛，关注所有可利用的企业与顾客之间的交互渠道。在关注关系绩效的渠道整合研究中，服务主导逻辑的“交互”视角还尚未引起足够重视。

最后，在全渠道零售情境下，对实体零售商跨渠道整合的前因、过程和结果的系统分析与论证鲜有出现。现有研究过多关注跨渠道整合对绩效结果的讨论，但往往忽视了整合的动因和过程，尤其针对传统的实体零售商。

综上，为了弥补已有研究的不足和缺憾，本研究基于现代零售、战略管理、新制度经济学以及服务营销领域的相关理论和思想，综合运用定性和定量研究中的多种技术方法，探讨中国实体零售商进行跨渠道整合的动因、过程以及对绩效的影响路径；并利用客观事实数据和主观顾客感知数据，实证分析跨渠道整合战略对实体零售商绩效的非线性影响。

3 实体零售商跨渠道整合的动因分析

跨渠道整合作为实体零售商实现全渠道零售目标的核心过程，受到学界和企业界的广泛关注。跨渠道整合的动因是实体零售商在决定是否应该，以及在多大程度上进行整合时，需要首先考虑的一个重要问题。但是，现有研究多聚焦整合的内容以及对绩效的影响，却很少探讨整合的动因问题。为了回答“实体零售商为什么进行跨渠道整合”的研究问题，本章利用战略管理理论的环境分析和适应范式，按外部环境和内部环境来探讨具体因素。

3.1 研究概述

跨渠道整合作为实体零售商对可利用的渠道资源进行组合和协调，来实现全渠道零售战略目标的一种选择方式，越来越受到学界的关注。但是，实体零售商是否应该跨渠道整合以及为什么要进行跨渠道整合的问题鲜有探讨。跨渠道整合是一个渐进演化的过程，组合和协调的程度也可以从多渠道的完全分隔到完全统一(Cao et al.，2015)。不同程度的整合要涉及不同层次的资源，关系到零售商和消费者的不同利益、成本和风险，可能产生不同的结果。同时，跨渠道协同效应的产生需要整合策略与分隔策略的共同作用(汪旭晖等，2013)。因此，跨渠道整合的动因是实体零售商在决定是否应该，以及在多大程度上进行整合时，需要首先考虑的一个重要问题。

在零售研究领域，少数学者从不同视角提出多渠道零售或者全渠道零售的驱动因素。Lewis 等(2014)认为零售商进行多渠道零售的基本驱动是迎合顾客需求和增加销售。Simone 等(2017)认为全渠道零售的驱动是技术的发展、数字化的颠覆、互联网渠道的兴起、移动端的力量、全渠道的顾客需求。Cao 等(2018)基于创新扩散理论认为，驱动零售商跨渠道整合的因素是企业内部的技术因素和组织特征，还有外部的环境特征。总体而言，零售领域分析跨渠道整合驱动因素的成果仍然非常有限。因此，本研究借鉴商业模式创新以及战略模式转型等方面的研究成果，利用战略管理理论中的环境分析和适应范式，对实体零售商跨渠道整合的动因进行理论分析。

环境分析和适应范式以环境变化分析为中心，认为企业的战略决策是适应环境变化的过程，战略转型的力度或者创新的程度依赖于环境波动的程度。对于企业所处的环境范畴，绝大多数学者倾向于认同外部环境和内部环境两部分（席酉民，2001）。在商业模式创新和战略转型的文献中，有关创新的驱动因素研究存在两种观点：一种观点认为外部环境驱动内部创新，即企业进行模式创新和资源整合是由于外部环境的不断变化而被动改变的过程（Mcgrath，2010）；另一种观点认为内部环境驱动，即源自企业高管团队的前瞻性认知，是企业主动做出战略调整的结果（Martins et al.，2015）。本研究基于环境分析和适应范式，综合外部环境和内部环境来分析实体零售商跨渠道整合的驱动因素。

3.2 跨渠道整合的外部环境动因

跨渠道整合本质上也是零售企业在商业模式上的一种创新过程。基于商业模式创新的文献，多数学者认为技术、需求以及竞争因素是推动企业进行商业模式创新的外部因素（王鑫鑫等，2009；张越等，2014）。结合竞争理论的产业结构分析方法和制度理论，在全渠道零售的行业环境中，制度压力也是实体零售商进行渠道整合不可忽视的因素。

3.2.1 技术因素

新“零售之轮”理论认为在信息技术、物流和管理上的技术革新是推动零售行业业态发展的核心动力。从零售业态的变化历程来看，零售企业从单渠道、多渠道、跨渠道到全渠道零售的过程中，技术的进步确实一直扮演着核心角色。手工技术进步推动了生产的变革，从而催化出独立的零售企业；工业技术的进步带来交通通信领域的变革，使新型零售渠道出现。信息技术的革命推动顾客消费行为的变化，最终催生了全渠道零售模式的出现，跨渠道整合成为零售企业迎合新业态、创新零售形式的必然过程（李飞，2013）。技术的变革影响到零售的核心要素：产品、服务、价格、地点，核心要素的改变带来零售业态和形式的变革。金万富等（2018）从人文地理学视角认为零售企业的空间组织结构、区位选择与布局、市场空间等方面的变化也受到了互联网技术的推动。

技术推动是全渠道零售基本的外部驱动和支持因素，更多新技术的兴起能够允许零售商整合多种零售渠道（Oh et al.，2012）。新技术的出现也改变了消费者的购物过程和方式，比如手机设备，智能终端、创新性的软件，移动 App、移动支付、大数据技术、定位服务、虚拟现实等创新性的技术。信息技术的突破性发展推动了零售商重新设计他们新的零售战略或商业模式（Brynjolfsson et al.，2013）。Amit 等（2001）认为，以互联网为基础的信息技术是现代企业商业模式创新的主要动力。张越等（2014）提出在信息经济时代，技术创新通过商业模式创新满足市场需求，创造顾客价值，因此技术创新推动商业模式创新。尤其，基于互联网的云计算、大数据等新的信息技术彻底改变了消费者的消费行为和决策方式，也创新了消费过程中的分析工具和方法。消费者的消费行为决策从依靠自身知识和经验判断转变为依靠大数据做决定（杜丹清，2015）。

企业借助于大数据资源的研究和分析，能够"精准"观察、分析和掌握消费者的行为特征及趋势变化。在产业发展竞争的"优胜劣汰"中，具有互联网基因、占据数据资源高地的企业能够挖掘、分析和运用其中巨大的商业价值和资源，更容易快速实现各种形式的战略扩张，实现跨越式发展。零售行业中具有互联网基因的电商零售企业实现了跨越式发展，实体零售商也受技术的推动，努力增加互联网基因，通过跨渠道资源的整合突破发展瓶颈，增强自身竞争力。

实践中，我国实体零售商们也积极依靠互联网、大数据等信息技术，大力进行线上和线下渠道的整合，实现融合发展。例如，武商集团计划在 2018 年借助"现代信息技术应用的利好因素"，加强互联网技术的应用程度，提高"依托大数据与云计算来识别用户需求"的力度，着重引进和培养掌握各类信息技术的人才，实现跨渠道的高度融合。2017 年，永辉超市与腾讯公司进行战略合作，希望借助腾讯公司领先的互联网技术，为企业的跨渠道整合运营带来流量和数据支持，实现全渠道零售目标。苏宁易购也是一家较早将信息技术应用于零售运营业务的实体零售商，十几年来，苏宁高度重视信息化建设，不断提高在信息技术领域的研发投入，深化互联网、物联网、云技术的运用，2013 年在行业内首先实现了线上线下渠道的商品和价格融合。

3.2.2 需求因素

近十年来，随着经济、社会以及技术的发展，零售市场上消费者的需求发生重大变化，网络消费规模持续扩大，消费者购物过程日趋复杂，全渠道购物趋势已经形成。从全球主要产业的发展历程看，全球产业的演进是按照满足人类更高层次需求的方向发展的，受时代消费者需求特征影响（霍国庆等，2015）。零售产业也不例外，除了受到技术创新、产业政策和宏观环境的影响之外，还受到了市场需求变化的影响。因此，顾客对多渠道购物的需求也对企业进行渠道整合起到了拉动作用。

（1）网络消费需求持续扩大。根据中商产业研究院发布的数据显示，2011 年至 2021 年我国互联网购物用户规模发展迅速，年均复合增长率达到 60.7%。截至 2021 年年底，我国互联网购物的用户规模达到 8.42 亿，比上一年增长 7.6%，占总体网民数量的 81.6%。与此同时，网络零售规模增长迅速，2021 年我国网络零售交易规模达到 13.1 亿元，同比增长 14.1%，增长速度比上一年还要高3个百分点。近十年来，全球电子商务规模也呈快速增长势态，据全球知名的市场研究机构 eMarketer 公布的数据显示，2021 年全球网络零售交易额将达到 4.89 万亿美元，同比增长 25.7%，占全球零售总额的 15.3%。而且消费者对网络消费的依赖程度逐渐加深，平均单一消费者网络消费支出也在持续增加。网络消费需求的扩大是实体零售商面临的外部市场环境最显著变化，消费者在网络消费中的规模扩大、支出增多，势必会吸引传统实体零售商纷纷“触网”，涉足网络零售业态。

(2) 消费者购物过程日趋复杂。现在跨渠道购物的消费者的购物过程不再是一个线性过程，中途的触点越来越多，导致整体消费过程变得非常复杂。消费者的购物体验也越来越多维，变为整个购买过程中对服务的认知、情感、行为、感官、社会等多方面综合回应(Lemon et al.，2016)。齐永智等(2015)认为消费已经进入 SoLoMo 时代，每一位消费者都会是 SoLoMo 消费者，即社交消费者(social consumer)、本地消费者(local consumer)和移动消费者(mobile consumer)。每个消费者在购买过程中会更多利用社交媒体等社会化网络平台来购前咨询，购后评价，从而影响群体成员；也可以通过定位技术等位置服务来寻找商家和接收促销信息；同时通过手机等移动设备更方便地完成信息搜索、购买和付款等流程。当今消费者能够长期光顾线上和线下市场，能够容易地比较和获取商品的价格和促销信息(Brynjolfsson et al.， 2013；Strang，2013)，他们非常熟悉不同类型渠道的特征，他们希望随时随地能够使用多种渠道和所有设备完成他们的决策和购买过程(Simone et al.，2017)，需要在任何时间和任何地点都有广泛的产品选择(Piotrowicz et al.，2014)。消费者购物过程的复杂化，会拉动零售企业整合多渠道资源，努力提供多渠道间的无缝购物体验，增加顾客价值。

(3) 全渠道购物趋势形成。由于全渠道消费者期望同时使用所有可利用的渠道，既可以搜索产品或比较价格，获得个性化的优惠，还可以预订和订购在线商品和服务，以及进行在线支付或者退货(Rodríguez-Torrico et al.，2017)，因此学者们提出零售企业应该采用全渠道的技术和方法，进行跨渠道功能整合，通过提供透明的多渠道结构，以轻松舒适的购物环境和个性化的促销方式来满足消费者不断变化的需求，而不仅仅是多种渠道的并行利用(Gulati et al.，2000；Kumar，2010)。Kumar 等(2005)也发现跨渠道购物者具有更高的购买频率和重购意愿，对零售企业更具价值性。因此，零售企业为了创造这种全渠道的购物体验，必须利用尽可能多的渠道将自己与消费者联系起来，实现跨渠道的信息和功能整合。

现实中，实体零售的龙头企业，如苏宁易购、步步高、永辉超市等，面对新常态下消费升级的趋势，更加注重以用户需求为导向，回归零售本质，变革渠道形式，加快线上线下元素的相互渗入和以消费者体验为中心的跨渠道整合。苏宁易购为了更加契合消费者多元化的购物需求和便利化的用户体验，一直对原有的实体零售业态进行网络零售模式的转型升级，提出"聚焦商品和服务，围绕用户体验和服务效率"的线上和线下平台协同的"智慧零售"战略，形成了多渠道高度融合的跨渠道零售模式，成为中国 O2O 零售模式的标杆。步步高近年来在消费升级、需求多元化的背景下，也提出要顺应消费市场的变化趋势，"不断增强围绕顾客的数据获取、分析和运用能力，提高线上线下双向赋能"的多业态融合的跨渠道整合目标，并提出"中国领先的全渠道多业态商业服务商"的战略目标。

总之，以市场为导向、满足顾客需求是营销理论的核心理念。随着市场经济的发展和消费者需求的多样化，企业的生存和发展必须以顾客和市场需求为中心，积极进行目标市场范围内多渠道情报的生成、传播和响应。因此，实体零售商进行跨渠道整合以及全渠道零售的战略转型，也是受需求因素的导向机制影响。

3.2.3 竞争因素

竞争战略理论强调竞争压力对企业的战略转型具有决定性影响（刘海潮等，2008）。竞争压力来源于企业在行业中的竞争劣势，而竞争劣势产生的主要原因是缺乏形成核心竞争力的资源以及利用资源的能力。因此，企业需要引进外部资源，或者进行内部资源的再分配等途径来提高企业竞争力。根据竞争战略理论，本研究认为实体零售商的竞争压力主要来自两个方面：实体零售业的过度竞争和网络零售商的威胁。

（1）实体零售业的过度竞争

零售业，尤其是实体零售业的过度竞争问题较早受到产业部门、企业界以及学术界的关注。根据小宫隆太郎（1988）的界定，"过度竞争"在经济学中是指在集中度低的产业情境中，许多企业的利润率很低或者处于赤字状态，而且不能顺利退出，导致低或负的利润率长期持续。美国学者贝恩最早提出过度竞争的判断标准：第一，产业内企业长期处于低利润或负利润状态；第二，产业内的劳动力及生产要素报酬低；第三，可流动要素的转移速度慢。吴小丁等（2007）针对零售业的过度竞争状态进行判定，指出零售业的过度竞争是指这样一种状态：进入行业低利润阶段，但由于退出行业的损失大于继续营业的损失，零售企业之间不得不采取同质化的竞争手段争夺市场份额，这样会破坏行业的竞争秩序和各方长期利益，结果导致行业利润率长期处于社会产业平均利润率之下。

零售业是我国市场化程度最高、对外开放最早和竞争最为激烈的行业之一。

从实体零售业的发展现状来看，传统的实体零售商受业态和地域的影响，产业集中度较低，具有较低的进入壁垒。例如，2015 年国内零售业前 10 强和前 100 强的销售额分别占国内零售商品销售总额的 7.77％和 18.05％，而相比 2015 年的美国零售业的 21.65％和 42.62％，我国零售业集中度非常低；另外，同一地域或商圈内的企业在经营业态、竞争策略、市场定位等方面都表现出很大程度上的同质化，频繁的价格战、促销战使企业的利润率很低甚至处于亏损状态。因此，我国零售业尤其实体零售业具备过度竞争的特征。

综上，根据竞争战略理论，差异化是避免过度竞争的有效途径，摆脱传统零售的局限，利用互联网渠道和技术资源进行跨渠道整合，重塑异质性资源和提高竞争能力成为实体零售商的必然选择。

（2）网络零售商的威胁

2008 年以来，随着电子商务的发展，互联网购物快速兴起，传统实体零售商面临巨大竞争压力。电子商务的崛起改变了我国零售市场的竞争格局，实体零售商又面临网络零售企业的替代威胁和进入威胁。网络零售利用其低成本和高效率的信息传递以及数据挖掘和利用优势，增强了产品的时效性，满足了消费者方便、快捷、便于价格比较的需求。正因为网络零售相对实体零售的突出优势，网络零售商如亚马逊、京东、阿里巴巴等企业获得了迅速增长的机会，并不断冲击传统零售模式和实体零售商。网络零售作为新兴的零售商业模式，具有信息化、集约化、快捷性的特征。与传统实体零售模式相比，其扁平化和灵活性的供应链体系提高了交易效率，降低了交易成本，对实体零售业造成了巨大的冲击。相对网络零售企业的低成本、高覆盖、灵活及技术和数据资源优势，实体零售商处于一定的竞争劣势地位。

从我国上市实体零售企业的公开资料显示，网络零售规模的快速增长是实体零售业谋求转型的重要外部因素。除了消费需求结构的变化之外，“网络零售的扩张给实体零售造成巨大的冲击和压力，这迫使企业未来要借助传统渠道和电商渠道双轨发展。”大型网络零售商和互联网企业对实体零售的渗入，也促使实体零售商积极构建和融合互联网因素。如，近年来，阿里巴巴在内部成立“盒马鲜生”等“新零售”商店，外部入股三江购物、联华超市、高鑫零售等多个传统实体零售商，在全渠道零售方面取得了一定的先发优势。面对具有强大的资本和技术优势的大型网络零售企业的竞争，传统实体零售商也开始融合互联网企业的资本和技术资源，实现跨渠道资源整合和全渠道零售战略，如永辉超市、万达商业、步步高等实体零售商与腾讯公司形成战略合作，共同推进全渠道零售。

综上，面对网络零售商规模和竞争力的迅速壮大，以及在零售市场份额不断增加的压力下，实体零售商纷纷“触网”，构建和融合互联网渠道资源（刘向东等，

2017)。因此,网络零售造成的替代和进入威胁也是实体零售商进行跨渠道整合的重要因素。

3.2.4 制度因素

跨渠道整合作为实体零售商的战略选择和模式创新,也会受到制度压力的影响。新制度经济学认为,企业处于一定的制度环境之中,其战略选择和行为决策必然会受到制度环境的塑造以及影响。现有文献在研究制度因素对企业行为的影响中,主要考虑的是制度压力(institutional pressure)。制度压力来源于制度环境,是指制度环境对组织行为构成的要求服从的多样化压力,这些压力会促使企业采取共同的规范和路线。已有研究提出和证实强制压力(coercive pressure)、模仿压力(mimetic pressure)和规范压力(normative pressure)等是导致企业遵从制度环境中其他成员所形成的规范和期望的重要因素(Liu et al.,2010)。

在创新管理和战略转型的文献中,制度压力被认为和证实是企业采取创新方式的重要影响因素。Teo 等(2003)提出并验证了来自客户强制压力和行业环境的规范压力会影响企业实施组织间数据交换系统的意愿和程度;Liu 等(2010)也提出并验证了规范压力、模仿压力和强制压力对企业采取电子供应链系统产生积极影响;张广玲等(2017)通过对制造企业的实证研究,认为制度压力的强制压力、规范压力和模仿压力与渠道整合程度呈现显著正相关关系。

(1) 强制压力

在全渠道商业情境下,实体零售商进行跨渠道整合是面对制度环境变化的战略反应。实体零售商进行跨渠道整合的强制压力主要来自顾客对于全渠道购物和跨渠道无缝体验的消费期望和需求。具体而言,在互联网经济时代背景下,可供选择的渠道类型逐渐增多,顾客需求的异质性越来越大,对产品和服务需求偏好的变化也越来越快,这给擅长传统店铺零售的实体零售商带来巨大压力和挑战。过去实体零售店的优势在于允许消费者触摸和感受商品并提供即时的满足,而网络零售企业的优势在于可以通过广泛的产品选择、低廉的价格以及产品评论和评级等来吸引购物者。随着"全渠道购物"时代的来临,实体零售和网络零售的区别将逐渐消失,在顾客消费过程中,消费者更希望在实体和互联网之间实现无缝转换和体验。因此,消费者对跨渠道无缝体验的期望和需求是实体零售商所受强制压力的主要来源。

(2) 规范压力

在我国零售业情境中,政府机构以及行业中其他企业的跨渠道战略行为对焦点实体零售商形成了规范压力。规范压力是来源于特定组织制度环境中的集体期望，包括适当性、合法性以及行为准则（Heugens et al.，2009）。首先，管理部门出台的指导意见和鼓励政策形成了政府和公众对零售企业的期望，给实体零售商带来了一定的规范压力。2012 年以来，国务院出台多个指导性文件，鼓励和引导零售业积极转型和创新发展。比如，2012 年国务院出台《国内贸易发展“十二五”规划》，提出以信息化带动流通现代化，大力发展电子商务，提高网络零售额的目标；同年，商务部提出《商务部关于“十二五”时期促进零售业发展的指导意见》，支持零售企业加强科技和信息技术应用，利用物联网、云计算等信息技术开展“智慧商店”试点；2016 年国务院办公厅发布《关于推动实体零售创新转型的意见》，倡导实体零售商调整业态结构，创新经营机制和组织形式，融合线上和线下渠道协同发展。另外，多渠道零售和跨渠道整合已经成为零售行业的普遍惯例，普遍惯例会形成和强化集体中的行为准则，形成对企业的规范压力（Scott，2008）。近年来，实体零售商利用互联网技术开拓线上渠道，融合多种渠道已经成为普遍现象和惯例。这种惯例又会在行业内企业之间相互传播和加强，得到成员广泛的接受和支持，甚至形成默认的规则。当行业内其他企业广泛接受多渠道经营并进行跨渠道整合时，为了维持和增强市场地位和行业竞争力，持续获取稀缺资源，焦点企业就会顺应这种规范压力（张广玲等，2017）。

（3）模仿压力

模仿压力来源于企业对竞争环境的认知以及竞争对手成功的战略行为（Heugens et al.，2009）。在零售业情境中，焦点企业面临的模仿压力主要来自网络零售商和跨渠道整合相对成功的实体零售商。近年来，电子商务在我国取到重大成功，网络零售额在我国社会零售总额中的比例迅速增长，网络零售商的实力和规模迅速扩大，线上销售模式取得成功。这使实体零售商认识到面对网络零售商的竞争，自己处于了劣势地位。在实体零售商群体中，如苏宁易购、王府井百货等传统零售企业的跨渠道经营实践也取得一定成功。一方面，当企业感知到竞争者的战略行为威胁到自己的市场地位甚至生存时，模仿竞争对手的成功模式也就成为获取合法性的最有力解释（陈立敏等，2016）。另一方面，虽然不能保证跨渠道整合对企业绩效的积极作用，但是感受到来自网络零售商和转型成功的实体零售商的模式吸引力，也会促使企业进行跨渠道经营尝试，以此来降低感知风险和合法性压力。

3.3　跨渠道整合的内部环境动因

相对于外部环境变化的不可控制性，企业对内部环境具有能动性。而且不同于外部环境分析的“竞争力”视角，内部环境分析更加侧重于“企业资源”视角

(Zhou et al.,2005)。因此,体现内部环境能动性的内在发展动机以及企业的资源基础是决定实体零售商跨渠道整合的内部动因。

3.3.1 内在发展动机

企业进行资源整合的核心经济目的就是提升行业竞争力,追求超额收益。基于资源基础观和动态能力理论发展来的企业经济租金理论认为,企业不断创新和参与市场竞争是对企业经济租金的不断寻求与获取的理性行为。企业不断创新,以及获取和整合新资源的目的就是获取超过行业平均收益的超额利润。Makadok(2001)提出了获取行业超额利润的三种方式:基于垄断势力而产生的张伯伦租金(垄断租金);基于企业异质性资源的李嘉图租金;基于企业动态能力产生的熊彼特租金(能力租金)。罗珉等(2011)认为企业经济租金是一个"剩余"的概念,是资源要素的价值收益超过要素机会成本的部分,企业组织会努力提升资源要素的价值来不断地创造经济租金,即获得"超额收益",提升竞争力。

零售企业,尤其是我国的实体零售商,在市场竞争激烈甚至过度竞争的情境下,必须高效地进行资源获取和技能整合才能获得优于竞争者的异质性资源,领先竞争者获得经济租金(Barney,1991)。更有效率地获取互联网渠道、大数据等稀缺性资源追求李嘉图租金;配置已有渠道和人力等资源,重新组合供应链上供应商与顾客的信息与知识,通过创新服务界面、服务传递系统等零售业务流程获取熊彼特租金是零售企业进行跨渠道整合、实施全渠道零售战略的内在经济动因。例如,三江购物是一家传统社区超市经营企业,面对传统零售利润的压缩,为了提升销售和利润,主动进行互联网渠道的建设和整合,积极调整零售业态,较早提出做"互联网时代的社区平价超市"的目标。2016 年,其改造的"三江购物网",入驻"百度外卖"平台和"淘宝便利"平台,与阿里巴巴进行战略合作,企业营业利润同比实现大幅度增长。

另外,除了经济租金视角,也有学者提出规模经济和范围经济是企业进行整合和扩张的驱动因素。传统实体零售商的规模经济和范围经济受到物理时空的制约,效果非常有限(冯华等,2016)。为了能够突破时空限制,实现跨地域、跨时空产品销售、信息传播以及数据收集,实体零售商也会积极获取互联网资源,整合互联网渠道,扩大销售对象和规模,实现规模经济;同时,多种渠道的整合能够扩大市场范围,尤其是利基市场,大量个性化、差异化的需求可以得到满足,从而实现范围经济。例如,美克家居是一家大型家具零售企业,自 2002 年起主要以传统直营连锁方式开拓市场,为了快速提高市场份额,通过互联网、社交媒体等信息网络技术建立了"全渠道创新性无缝零售经营模式",使得产品覆盖国内大部分主要城市和地区,市场份额得到迅速扩展。因此,对规模经济和范围经济的追求也是实体零售商跨渠道整合重要的内在动机。

3.3.2 内在资源基础

战略管理学者一般认为推动企业进行战略转型和创新的内因主要是企业资源要素和能力要素的积累(Barney et al.,2011),它可以来自企业异质性的有形资源,也可以来自企业高管团队及员工所具有的信息、知识和能力等无形资源。

以全渠道零售为目标的跨渠道整合是以信息技术为支撑,企业的IT基础,包括IT技术资源和技术资产等基础设施、设备以及信息资源,是实现跨渠道整合目标的重要有形资源(曾萍等,2014;Cao et al.,2018)。IT基础可以实现组织内部信息共享,以及顾客、供应商与企业的信息沟通,对实体零售商的跨渠道整合进程会产生积极驱动作用。另外,IT基础还是零售企业跨渠道运作的技术和功能平台,是实现信息流、物流、资金流、业务流等跨部门和跨渠道流动,推动跨渠道资源与能力的有效配置。近年来,多数实体零售商都加大了IT技术方面的投入。比如,2015年至2020年期间,徐家汇商城不断改进和完善其与上海交通大学合作研发的易脉(EMEC)系统。该系统服务于"ERP+APP"的全渠道融合运作,在各门店的覆盖广度和应用力度持续加强,促进了跨渠道整合程度的提高。苏宁易购也一直致力于全渠道信息技术方面的研发和投入,其跨渠道整合水平和程度业已成为行业的标杆。

在驱动企业创新和转型的内部因素中,企业家也被认为是起决定作用的重要异质性资源。在企业商业模式创新的调查研究中,Linder等(2000)经过访谈认为企业高管是推动企业商业模式创新的主要动力。跨渠道整合是零售企业创造、配置和利用企业内外部异质性资源,形成动态能力,提高企业持续竞争力的战略创新行为,涉及企业经营的各个方面,因此高管团队对环境的认知能力和创新精神是推动跨渠道整合战略的重要内生力量。Martins等(2015)的研究也证实企业高管对外部环境的认知能力对于企业创新和战略转型具有驱动作用。而且,企业高管是企业战略模式的设计者,是对组织中商业模式影响最大的个体,其对环境的认知和决策能力是跨渠道整合战略的引导力。例如,步步高商业集团从踏入网络零售,到自建"云猴全球购"平台、关闭"云猴全球购"平台,再与京东、腾讯等互联网公司合作,其跨渠道整合的进程离不开董事长王填对零售业发展的认知变化。因此,实体零售商在进行全渠道零售战略转型中,企业高管的知识和能力起到重要的引导力作用。

3.4 本章总结

全渠道零售商可以设计出不同的零售方式，利用不同的零售渠道让每个目标市场的需求得到满足。虽然如今的技术环境、市场环境、竞争和产业制度环境与过去不同，但这更要求实体零售商朝着全渠道零售的战略方向努力，不断创新业务流程，发挥企业高管的认知能力和企业自身的动态能力，实施跨渠道整合的运营操作。

本章利用战略管理的分析思路，探索性总结出驱动实体零售商跨渠道整合的外部环境因素和内部环境因素。在外部环境因素中，技术因素，尤其是信息技术，作为推动力量，通过平台机制驱动企业进行跨渠道整合；需求因素作为拉动力量，通过导向机制驱动企业跨渠道整合；竞争因素和制度因素作为逼迫力量，通过压力机制驱动企业跨渠道整合。在内部环境因素中，内在发展动机和内在资源基础作为内生动力驱动实体零售商进行跨渠道整合。实体零售商跨渠道整合动因如图 3-1 所示。

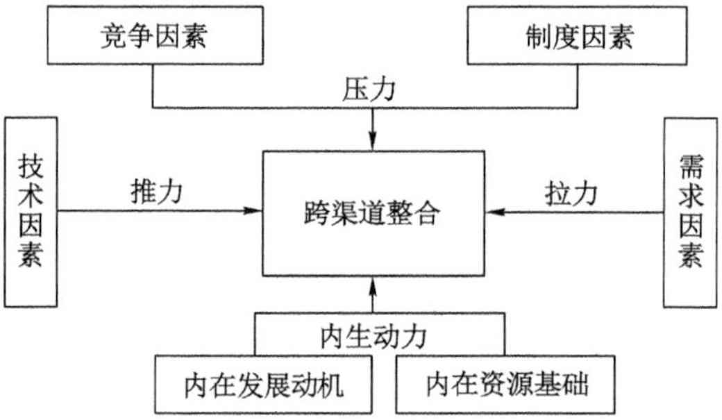

图 3-1　实体零售商跨渠道整合动因示意图

4 跨渠道整合对实体零售商绩效影响的路径分析

全渠道零售是零售商战略转型的理想目标，能为企业和顾客带来预期的诸多利益，因此大多数实体零售商正在实施跨渠道整合，努力向全渠道零售模式转变。但是，零售主管们也在普遍担心全渠道零售的有效性（Akturk et al.，2018）。跨渠道整合是实现全渠道零售的核心过程和最大挑战，因此本章将主要讨论跨渠道整合影响实体零售商绩效的正向路径和负向路径，回答“跨渠道整合如何影响绩效”的问题。

4.1 研究概述

全渠道零售模式为零售商提供了加强客户关系和提高企业绩效的良好机遇（Verhoef et al.，2015）。基于不同视角，现有研究对于跨渠道整合影响顾客关系和总体绩效的路径存在不同观点。认为跨渠道整合会积极影响企业整体绩效的研究中，学者们一般认为运营效率、创新能力、渠道协同效应、信息沟通质量、顾客信任和忠诚是内在的路径机制。例如，Oh 等（2012）采用资源基础观视角，认为基于信息技术的跨渠道整合通过提高企业的运营效率和创新能力来提高企业绩效；Herhausen 等（2015）基于技术采纳理论视角，认为整合线上与线下渠道能够使顾客感知到线上渠道风险的降低和服务质量的提高，进而提高线上渠道的销售绩效以及整体绩效；Wu 等（2015）发现购前、购中和购后的渠道合作，是“鼠标＋砖头”策略实现协同效应的中间路径。

在对顾客关系的影响研究中，学者们往往认为顾客授权、满意、感知风险和服务质量、沟通质量以及态度转变是渠道整合提高顾客光顾和保留意愿的中间路径。比如，Zhang 等（2018）从顾客感知视角，认为实体零售商进行渠道整合可以提高顾客感知授权、信任和满意，进而提高顾客的光顾意愿；Li 等（2018）利用推-拉-系框架，提出零售商不确定性、身份吸引力和转换成本是跨渠道整合提高顾客保留的中间路径；周飞等（2017）基于行为互惠视角，认为跨渠道整合通过提高信息沟通质量促进了顾客保留行为；吴锦峰等（2017）认为消费者对线上商店和线下商店的态度转变是零售商跨渠道整合提高顾客关系绩效的过程路径。

但是，跨渠道整合能够给零售商带来机会的同时，也会产生一些负面影响，甚至威胁。一方面，在实施全渠道零售战略过程中，跨渠道整合对内部运营会造成一定的困难，需要企业权衡成本、风险与可能带来的收益之间的关系（Akturk et al.，2018）。比如，Gallino 等（2017）发现，渠道之间的整合对总体销售数量并没有明显改善，却会提高渠道间销售的离散性，导致库存成本上升。全渠道零售还会造成管理成本、销售费用以及资产投入方面的增加，渠道之间的替代效应还会使零售商产生成本和渠道方面的劣势（黄漫宇等，2017）。

另一方面，跨渠道整合对顾客关系的影响也存在不确定性。Herhausen 等（2015）的研究结论认为，渠道整合不是对所有顾客都有效，而是对具有较少互联网经验的人更加有效。Chiu 等（2011）在针对顾客搭便车行为的调查研究中发现，多渠道整合对渠道的“锁定”作用并不显著，也不会阻止顾客的搭便车行为。因此，渠道整合与企业绩效之间不一定存在正向的线性关系，它在提高企业竞争优势的同时，也伴随着相应的竞争劣势。

综上，学者们对于跨渠道整合影响顾客反应和企业绩效的路径和机制进行了不同视角的分析，但是研究观点和结论比较碎片化，缺少全面系统的梳理和分析，尤其缺少对负面路径的探析。

4.2 正向影响路径分析

虽然大多数学者对零售企业的跨渠道整合战略保持乐观态度，认为能够带来更多的获利机会，但是对内部的具体路径仍缺乏全面分析。基于消费者视角，跨渠道整合能够提高购买意愿和频率、提升顾客信任和忠诚、增加零售商权益等（吴锦峰等，2016；黄漫宇等，2017；Cao et al.，2015）。然而，基于零售商视角，跨渠道整合如何帮助企业塑造具体竞争优势以及内在的具体路径，现有研究仍然缺乏系统性分析。本节在已有研究的基础上，具体分析跨渠道整合为企业带来的市场优势、关系优势、渠道优势和成本优势，以及形成优势的具体路径。

4.2.1 增加销售机会，创造市场优势

实体零售商进行跨渠道整合能够利用多种渠道的优势促进跨渠道引流，提高顾客的购买频率和价值，从而增加销售绩效，带来市场优势。

（1）促进渠道相互引流

多渠道零售商通过跨渠道整合能够使渠道之间相互引流，从而有助于顾客跨渠道购买，增加销售机会（Berry et al.，2010；Neslin et al.，2006）。例如，零售商通过鼓励消费者浏览当地商店产品网站，将消费者从网络渠道引导到实体商店，也可以通过在实体商店了解网络店铺的相关信息，引导消费者通过网络渠道

完成订单，实现跨渠道购买。

而且多渠道组合能使企业通过各种媒介保持与消费者的沟通和联系，从而增加交叉销售的机会(Gulati et al.，2000)。例如，企业可以使用社交媒体、邮件和网站来加强与顾客的联系，然后将他们引流到实体商店。交叉销售的机会也来自跨渠道的联合促销，因为通过在一个渠道的营销努力可以提高另一个渠道的销售(Berry et al.，2010)。Pauwels 等(2015)研究了多渠道零售中跨渠道促销的效果问题，结果显示基于互联网和实体商店的联合促销不但增加了线上商店的销量，也可以增加线下商店的客流量和销量。另外，顾客数据的跨渠道共享，还可以使交叉销售的机会最大化(Payne et al.，2004)。

(2) 提高顾客购买频率和价值

通过跨渠道流程整合可以打通促销、品类、价格、下单、付款、递送、退换、客服等多个交易阶段，消费者可以接受的企业营销和服务信息的范围变得更广，而且频率更高。更多的顾客触点和更方便的购物过程和体验，有助于提高顾客的购买频率和购买价值(黄漫宇等，2017；Kumar et al.，2005)。

全渠道零售情境下，跨道整合还能使消费者获得更多的授权(Zhang et al.，2018)。通过多渠道之间的信息入口整合，允许消费者在购物过程中具有更多的渠道选择，并且从各种渠道获取到一致和互补的信息。整合的信息和沟通机制能帮助消费者降低购物过程中的感知不确定性和困惑，有助于他们做出更好的决策。因此，在与渠道整合良好的零售商互动时，消费者会获得更多的产品信息和选择机会，从而感知到更多的零售商授权(Broniarczyk et al.，2014)。消费者感知到更多的授权会积极影响其满意程度，增强光顾意愿和购买频率。

4.2.2 提高顾客忠诚，创造关系优势

利用跨渠道整合，实体零售商还可以为顾客提供更多增值服务，增加顾客信任以及提高顾客转换成本，进而提高顾客忠诚，创造关系优势。

(1) 提供更多增值服务

实体零售商通过渠道整合能够向消费者提供更多增值服务(Sousa et al.，2006)，改善他们对企业的态度、满意度和忠诚(Neslin et al.，2009；Berry et al.，2010)。实体零售商在已有实体商店的基础上增加互联网渠道，或者基于信息技术的自助服务，能够为消费者提供更多的增值和定制化服务，如自助查询、网络预约、送货上门等。更多增值服务的提供能够积极影响消费者在认知和情感上的承诺，提高其满意水平，因而促进顾客与企业间的长期关系，即顾客忠诚。

(2) 增加顾客信任

通过不同渠道之间的优势互补，企业可以增加顾客信任，促进顾客忠诚。通

过多渠道的组合,企业可以利用每一种渠道的优势克服单一渠道的不足,为消费者创造一种具有吸引力的、安全的购物体验(Zhang et al.,2010)。首先,跨渠道整合使消费者能够以便捷的方式收集所需信息,从而有效减少对信息不对称的感知。第二,渠道之间的整合营销也能减少消费者的困惑。整合渠道品牌、沟通以及商品品类和价格,能缓解消费者的不确定性,降低感知风险,从而增强他们对企业的信任。第三,跨渠道整合为消费者提供了在不同阶段使用不同渠道的自由,因此增强了他们的自我控制意识,并产生了一种信任感知(Goersch,2002)。

(3) 提高顾客转换成本

企业为了保留顾客而在服务方面的努力和投资能够对顾客产生转换成本。增加渠道资源并进行整合可以为顾客提供更多的触点和更加综合的服务,并享受到多渠道交易带来的方便性。具体来说,跨渠道的资源和数据共享可以掌握顾客的消费习惯和偏好,加深对顾客消费行为的理解,有利于为顾客提供一个精准的和高度个性化的定制服务组合。这种精准的服务和由此带来的便利性会增加顾客对企业的依赖性和品牌涉入程度,从而提高转换成本(Li et al.,2018)。另外,实体零售商通过跨渠道整合还可以提高顾客对竞争者服务的期望和评价标准,随着期望的提高,顾客在寻找替代商家或方案时可能会面临一定的困难和挑战,加大了转换成本。

4.2.3 有利于渠道"锁定",创造渠道优势

跨渠道整合的实施还有助于实体零售商对顾客进行渠道"锁定"(Verhoef et al.,2007)。互联网渠道和实体渠道的组合可以发挥互联网渠道信息丰富的优势和实体商店切身体验的优势,将顾客购物的不同阶段"锁定"在特定渠道,达到保留顾客的目的。新技术也为实体零售商提供了将互联网、移动互联网和线下实体渠道进行整合,并为顾客提供无缝体验的机会。实体商店内的消费者可以从线上和线下渠道各自的优势中获益,他们可以在购买前看到、触摸和感受要买的产品,同时也可以轻松地通过线上渠道获取大量的产品信息,并与社交网络中的其他人分享他们的购物体验。因此,渠道整合带来的便利性、良好的体验性和强大的销售人员力量都能降低顾客的流失率,"锁定"顾客与企业的交易关系,促进企业的销售增长。

另外,通过跨渠道的数据整合,零售商可以清晰地洞察消费者的消费行为、购买模式和消费趋势,从而更好地服务其目标市场,识别和分辨最有价值顾客,制定精准的营销和服务策略(Bradlow et al.,2017)。精准的售前、售中和售后营销策略能够增强顾客的"沉浸"性,增加渠道的吸引力。

4.2.4 降低交易成本，创造成本优势

基于交易成本理论，在零售情境下以技术为基础的跨渠道整合能够降低交易不确定性和消费者专用资产，提高交易频率，从而降低交易成本(Akturk et al.,2018)。基于消费者视角，跨渠道整合的好处是交易成本的降低、服务质量的提高和感知风险的下降(Herhausen et al.,2015)，所以获得的顾客价值会增加(Gallino et al.,2014)。根据 Tyagi(2004)的观点，当企业的服务被市场层面的技术发展所改变，并能降低消费者的交易成本时，较低的交易成本就会增加总需求。交易成本的降低，提高了跨渠道的销售，同时也有望提高企业的收入来源。首先，实体零售商引入互联网渠道资源可以降低消费购买的不确定性。依靠互联网渠道，消费者可以降低对信息不对称的感知，掌握更多有助于决策的产品和服务信息，比如商品的库存信息、价格变动信息、售后服务信息等，提高决策效率，降低决策的不确定性风险。其次，实体零售渠道、互联网渠道以及其他媒介渠道的协同运作提高了消费者与同一家企业之间的交易频率，减少了购买前的比较和甄选过程成本，同时也降低了购买风险。最后，跨渠道的信息整合和功能整合也增加了消费者购物过程各阶段的便利性，减少了在每次购买活动中为购买决策而所付出的时间和努力成本，即消费者在交易中未达成交易而付出的专用资产。因此，跨渠道整合能够降低消费者为每次购买活动而付出的交易成本，提高顾客价值，带来顾客需求的扩大和零售收入的增加。

基于零售商视角，跨渠道整合也能够提高与顾客的交易频率，降低交易不确定性和付出的专用资产，最终也降低零售商所付出的交易成本。实体零售渠道、互联网渠道以及其他媒介渠道的协调与合作，能够提高消费者在线上渠道的浏览频率和线下实体渠道的客流量，这有助于提高顾客与企业之间的交易频率；零售商依靠互联网渠道可以收集、跟踪、分析和挖掘消费者的消费数据，进行精准营销，降低了交易的不确定性；同时多种渠道的协同效应，也能帮助企业降低在每次交易中付出的销售人力、推广和关系管理中的专用资产成本。总之，根据交易成本理论，交易的频率、不确定性和专用资产是决定交易成本的三大要素，所以跨渠道整合能够不同程度地降低消费者和企业双方的交易成本，带来成本优势，从而积极影响企业的整体绩效。

4.3 负向影响路径分析

尽管现有文献大多对跨渠道整合持支持态度，但也有学者提出质疑的观点，认为渠道整合能够提升企业绩效，但也会带来破坏作用(Simone et al.,2017)。

例如，有学者认为，虽然全渠道零售能为顾客带来利益，理论上也为零售商带来收益，但跨渠道整合的过程必然涉及高昂的技术采纳成本，以及信息和材料处理技术方面的操作困难，由此可能带来新的运营挑战（Zhang et al.，2010）。还有学者提出，跨渠道整合会引起渠道替代和负面溢出、增加销售费用、降低顾客信任和忠诚等负面作用（黄漫宇等，2017；Cao et al.，2015）。本研究在已有研究的基础上，基于实体零售商情境，提出跨渠道整合影响绩效的成本劣势、关系劣势、市场劣势和渠道劣势等负向路径。

4.3.1 产生渠道冲突和负面溢出，造成市场劣势

全渠道零售研究一般认为，通过渠道之间的目标、信息、功能等多方面整合，理论上能够解决渠道冲突问题，并实现协同效应。但现实中，渠道界限不可能完全消失，不同渠道形式仍然会同时存在，而且相互关联，所以渠道冲突和负面溢出效应是不可避免的（Du et al.，2019）。

渠道冲突是渠道利益相关者认为另一渠道的行为会阻止或影响其正当目标的实现，或者行为承诺的有效执行，由此所引起的利益冲突情形。渠道冲突可以区分为纵向冲突、横向冲突以及多渠道冲突。其中多渠道冲突就是发生在企业建立两种或两种以上渠道的多渠道情形下，新渠道与现有渠道产生的利益冲突（Kiran et al.，2012）。

随着电子商务的发展，传统实体零售商将互联网作为新渠道，并将其引入现有零售系统时，他们将面临传统渠道与互联网渠道之间的渠道冲突问题。新渠道可能会部分地蚕食现有渠道的市场，而不是增加总的销量（Choi et al.，2019）。Verhoef 等（2007）也提出跨渠道整合并不是没有风险和潜在负面影响的，整合不同的渠道会提高顾客搜索购物的行为，即顾客在一种渠道搜索信息，而在另一渠道购买，这会降低特定渠道的"锁定"效应，损害渠道另一方的利益。

另外，有学者认为渠道整合可能是一个"零和游戏"，一种渠道的优势可能被另一渠道的劣势中和，产生渠道之间的非协同或竞食效应，或者因为一种渠道对另一渠道产生负面溢出效应，而伤害整体企业绩效（Falk et al.，2007）。现实中，实体零售相对网络零售的竞争优势仍然是现场体验和面对面的人员服务。对互联网渠道的整合程度越高，实体零售与网络零售在特征上的对齐性（alignment）越高。根据结构对齐（structure alignment theory）理论，消费者在做出比较评价时，对齐性的特征起到决定作用（Hammerschmidt et al.，2016）。因此，相对专业的网络零售企业，实体零售商会暴露其网络零售的劣势，甚至对实体零售渠道产生负面溢出效应，造成市场劣势。

4.3.2 对信息技术的过度使用，造成关系劣势

跨渠道整合是以信息技术为基础的零售服务创新，信息技术的运用能够提高运作效率，降低交易成本，从而提高企业绩效。但是，已有研究指出，对信息技术的过度运用和依赖，会产生很多负面的影响和结果（Maier et al.，2014；蒋洁，2014）。实践中也出现了许多负面案例，比如大数据技术的使用让顾客产生对隐私的担忧，以及“杀熟”现象让顾客对企业产生不信任感等（邓线平，2018）。

（1）顾客感知与期望失调

以信息技术为基础的跨渠道整合能够增加渠道之间的信息、服务以及渠道特征之间的关联性，消费者对一种渠道的体验会影响对另一渠道的期望。过多的渠道选择和信息交互会加大顾客对服务期望与实际感知的失调，降低顾客满意度和忠诚度（Du et al.，2019）。

在全渠道零售研究中，很多学者也重视到这方面的问题。在同等服务水平下，消费者对一个渠道的满意可能会提高对替代渠道的期望，这会降低对替代渠道的积极评估（Falk et al.，2007），导致一个渠道对另一渠道绩效的侵蚀。Herhausen 等（2015）在研究中认为，线上渠道与线下渠道进行整合会提高顾客对线上服务质量的感知，降低线上购买的感知风险，但这不利于顾客对线下实体商店的评价。Banerjee（2014）也发现，渠道整合程度与顾客期望的失调会显著破坏整体的整合质量和效果。也就是说，多渠道战略与顾客中心策略保持一致时，会简化多渠道服务交付流程，降低服务成本；但是不恰当的跨渠道服务供给也会增加跨渠道整合的负面影响。

（2）消费者困惑

消费者困惑是消费者在消费过程中产生的疑惑和不安的心理状态（Garaus et al.，2015）。信息技术的发展和应用为实体零售商整合沟通和传播提供了便利，网站、社交媒体以及其他大众媒体都可以成为实体零售商进行营销和宣传的渠道途径。一定程度的信息整合传播可以增加消费者对产品和服务的理解，有利于对企业品牌的认知和决策。但是由于信息超载、选择过多、隐私担忧等问题，消费者会产生认知、情感和意动上的疑惑与不安（Garaus et al.，2015）。

跨渠道整合引起消费者困惑的因素主要有三个：其一，多渠道并行利用传递出的信息较多，消费者需要充分理解各渠道的特征和特色，否则会造成渠道的环境特征与消费者认知不匹配，进而导致困惑的产生。其二，消费者的信息处理能力有限，过多的信息和选择会造成信息超载，这给决策带来困难，从而导致消费者困惑（Kasabov，2015）。最后，利用信息技术对消费者购物行为进行跟踪和数据挖掘，能够对消费者进行精准信息推送和促销，这会引起消费者对隐私和“杀

熟”的担忧(邓线平,2018),从而产生不安的心理状态,即消费者困惑。消费者困惑能够使消费者降低对企业的满意度,产生不利于企业的行为,如放弃购买、降低信任以及传播负面口碑,最终影响顾客忠诚,因而带来关系劣势。

4.3.3 引起渠道特性消失以及定位模糊,造成渠道劣势

不同渠道的不同特性能够创造独特的顾客体验(Berry et al.,2010)。消费者的零售体验取决于实体商店、互联网站或其他媒介渠道的服务界面、产品种类和价格、氛围以及社交环境等因素(Verhoef et al.,2009)。跨渠道的整合战略可能会降低零售商的战略灵活性,减慢他们在市场中的调整速度(Neslin et al.,2006)。

跨渠道整合还限制了零售商满足消费者对特定渠道的特殊期望以及区别于主要竞争对手的能力(Berry et al.,2010)。因此,过高程度的整合甚至可能会导致总绩效的下降。如果消费者长期特别依赖于某一特定渠道,那么跨渠道整合将使他们在原有的渠道中找不到预期的特性和优势,从而转向竞争对手(Cao et al.,2015)。通过不同渠道提供不同质量水平的产品和服务,消费者能够清楚地分辨出不同渠道的属性和差异,甚至会更期待这种差异(Verhoef et al.,2007)。例如,很多消费者长期依赖店内员工提供信息支持和社会联系,但是采用新的自主服务技术或者互联网信息渠道,可能会导致面对面沟通的机会减少,削弱顾客感知的社会联系,最终损害整体消费体验,降低顾客对渠道和企业的满意度和忠诚度,因此带来渠道方面的劣势。

4.3.4 增加企业运营的复杂度和消费者机会主义行为,造成成本劣势

整合不同类型零售渠道,在企业内部会提高运营复杂程度,造成运营成本增加;在企业外部则会增加消费者的机会主义行为,增加企业财务负担和成本,因而带来成本劣势。

(1) 运营的复杂程度增加

由于零售业务的独特性,实体零售商在进行跨渠道运营和管理时会面临更加具有挑战性的环境(Zhang et al.,2010)。在跨渠道零售情境下,企业必须管理各商品品类的大量库存单元(SKU),而且要对每个 SKU 的零售组合元素做出决策,并进行频繁地调整。另外,零售商还要与众多下游客户或最终消费者群体进行不同渠道的互动,并且需要协调和管理大量供应商以完成向最终用户交付产品的众多流程。这些并不是简单的零售渠道的叠加,而是要进行系统整合,因此会大大增加企业运营的复杂程度。

虽然跨渠道零售可能使顾客能够随时随地通过多个接口与企业进行无缝交

互，产生需求的协同效应，但是内部业务的协同运作可能难以实现，因为有效管理多种类型的渠道还需要更多独特的技能和资源(Zhang et al.,2010)。例如，支持实体商店的配送中心是为了将货物从进站货车转移到出站货车，以减少装卸量，纸箱往往停留在配送中心的时间不到一天。与此相反，支持互联网渠道的配送中心被设计成用纸箱接收商品，然后将纸箱分解成不同单元，以便于拣选、重新包装和运送给特定客户。不同的渠道可能还要不同的包装，以适应特殊商品的运输。不同的渠道还可能有不同的目标市场和功能定位，需要不同的商品和定价，甚至零售商的个别渠道不是自建渠道，如与阿里巴巴、京东的合作，这都加大了业务协同的难度和挑战性。因此渠道之间业务的协同难度加大，运营成本也可能由此增加。另外，渠道整合还会提高产品销售的离散性，从而增加周期库存和安全库存的数量和成本(Gallino et al.,2017)。

(2) 增加消费者的机会主义行为

信息和服务的整合能够让消费者便利地进行信息查询和退换货流程，享受线上线下相同的服务保证以及更好的服务承诺和保障。然而，方便的售后和退换货流程以及可靠丰厚的补偿为顾客的机会主义行为提供了机会。比如，因此引发的顾客欺骗行为会给企业造成较大的风险和成本压力(楼尊等,2012)。

在理论研究中，消费者的机会主义倾向得到一定程度的重视，大多数研究结论认为该行为对企业前台员工、其他消费者以及组织容易造成负面结果。例如，Wirtz 等(2004)在研究中提到，消费者会衡量机会主义行为的潜在收益与风险(或者成本)，面对商家高的服务承诺时，他们更容易产生机会主义行为倾向，给企业带来负担和损失。Harris 等(2003)发现，不正常的消费者行为会对与顾客接触的员工造成消极的心理、情绪和行为，甚至在生理上也造成负面影响，而且这种行为可以传播到其他消费者，导致组织的财务负担和成本的增加。

4.4 本章总结

鉴于现有文献对于跨渠道整合影响零售商绩效的研究结论比较碎片化，缺少对内在路径的系统分析，本章从市场、关系、渠道、成本等四个方面分析了跨渠道整合影响实体零售商绩效的正向路径和负向路径，回答了“跨渠道整合如何影响绩效”的研究问题。

本研究发现，跨渠道整合可以为企业带来以下正向影响：增加销售机会，创造市场优势；提高顾客忠诚，创造关系优势；有利渠道“锁定”，创造渠道优势；降低交易成本，创造成本优势。相应地，跨渠道整合过程也会给企业带来以下负向影响：产生渠道冲突和负面溢出，造成市场劣势；对信息技术的过度使用，造成关系劣势;引起渠道特性消失和定位模糊,造成渠道劣势;增加企业运营的复杂度和消费者的机会主义行为,造成成本劣势,如图 4-1 所示。

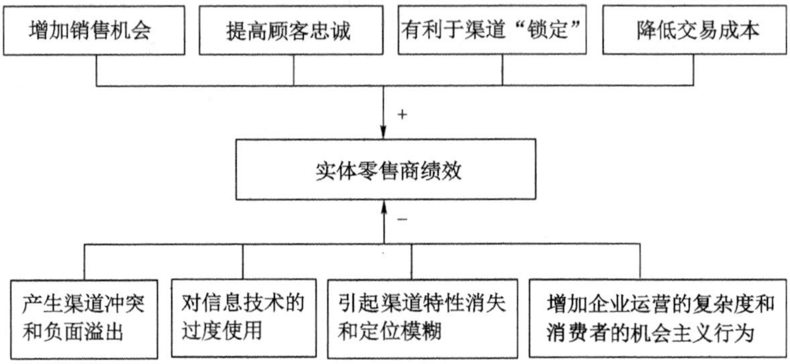

图 4-1　跨渠道整合对实体零售商绩效影响路径图

5 实体零售商跨渠道整合的演化过程研究

为了探究实体零售商进行跨渠道整合程度的演进，本章将按照扎根理论的方法和程序进行数据收集和分析，探索和归纳实体零售商跨渠道整合的不同阶段，并通过对"苏宁易购"和"王府井百货"的案例分析，验证结论的有效性和可靠性。本章的研究结论将回答"实体零售商的跨渠道整合过程如何"的问题，也为后续章节进行跨渠道整合程度的度量奠定基础。

5.1 研究背景与研究方法

5.1.1 研究背景

从零售行业的发展进程看，零售模式经历了单一渠道、双渠道、多渠道零售的发展过程，未来的发展方向应该是全渠道零售。在实现全渠道零售目标的过程中，跨渠道整合成为发展进程中的核心任务。

在现有跨渠道整合的实证研究中，整合的进程或程度往往采用经营者或顾客的主观感知来反映。这种研究方式存在很大的局限性：其一，评价结果缺乏客观性，因为跨渠道整合的程度是由经营者自我评价，或者由顾客的自我感知做出的，受主观因素的影响较大；其二，反映的维度有限，而且不能反映维度之间的层次关系，缺少对跨渠道整合进程的深入洞察；其三，量表测量对于零售商在跨渠道整合过程的动态性反映不足，无法进行纵向的考量和比较。

已有研究认为，大多数零售商，尤其是实体零售商，其跨渠道整合是逐步推进的，是渐进发展的过程(Zhang et al.，2010；Bagge，2007)，因此整合程度也会伴随零售模式的演化进程而变化(Cao et al.，2015；Neslin et al.，2006)。基于演化视角，Cao 等(2015)将跨渠道整合程度区分为多渠道独立、多渠道最小化整合、多渠道中度整合、多渠道完全整合共四个等级；黄漫宇等(2017)将我国零售企业的全渠道发展水平分为仅实体零售渠道、单一在线渠道、在线多渠道、整合跨渠道和深化全渠道五个阶段。

Cao 等(2015)的分类依据来自 2008 年至 2011 年的美国零售行业中上市企业的年报资料，其在时间上不能反映理论和实践中的全渠道零售背景，因为全渠道零售受到理论界和企业界重视的标志是 Rigby(2011)于 2011 年在《哈佛商业评论》发表的《购物的未来》一文。黄漫宇等(2017)只是针对零售企业总体的全渠道发展阶段进行了划分和界定,未能具体针对跨渠道整合的过程进行研究。另外,近10年来,中国是世界上网络零售发展最快的新兴经济体,实体零售与网络零售融合发展的趋势最为典型和显著,因此将中国实体零售商在2010年之后的跨渠道整合实践作为研究对象,探索整合的过程阶段就非常必要。

5.1.2 研究方法

(1) 质性研究

质性研究(qualitative research)和量化研究(quantitative research)一样,是社会学研究的基本研究范式。质性研究又称"质的研究""质化研究",是以研究者为研究工具,在自然情境下利用多种方法进行资料收集,采用归纳法进行资料分析,最终对社会现象进行整体性的探索研究(陈向明,2000)。质性研究的研究过程一般是:选择研究问题、确定研究框架、理论性抽样、收集资料、分析资料、撰写研究报告。与量化研究不同,质性研究的研究过程不是循序渐进的,而是周而复始的,采取循环式的步骤来探究问题。学者们普遍认为,质性研究与量化研究存在明显差异,但又相辅相成,共同反映研究对象质与量的辩证统一关系。质性研究方法与量化研究方法相结合,可以对研究起到聚合作用、扩展作用、补充作用和创新作用。聚合作用是指有助寻找趋同的结果,扩展作用是指增加研究范围和规模,补充作用是指能够检验同一现象的不同之处,创新作用则是指能够激发新的思维和洞见。

以研究途径或手段作为分类标准,质性研究可以分为七类:历史研究、传记研究、行动研究、现象学研究、民族志研究、案例研究以及扎根理论研究。本章的研究资料来自上市零售企业公开的年报、公告以及互联网媒体的报道,目的是归纳跨渠道整合程度的内部层次和过程阶段的理论框架,因此更适合扎根理论的研究方式。另外,本研究还结合案例研究来验证和补充该理论框架。

(2) 扎根理论

扎根理论(grounded theory)由Glaser和Strauss于1967年首次提出,是在自然情境下,利用文献或其他资料分析、开放性访谈、参与式观察等方法,在系统的信息收集和三层次编码的基础上,对社会现象进行深入探究,寻找反映社会现象的核心概念,建立联系并形成理论命题的一种进行理论构建的质性研究方法或方法论。目前学界对扎根理论的认识还不完全统一,具有广义和狭义之分:广义上将其作为指导质性研究的思想和方法体系;狭义上则将其视为指导研究过程的具体操作方式和程序。

扎根理论是基于经验资料和证据,自下而上进行理论构建的研究思维,具体研究步骤可以分为资料收集、三层次编码、理论生成与检验三个阶段。本章将遵循扎根理论的研究方法和步骤，对我国上市零售企业的跨渠道整合过程进行质性分析，构建实体零售商跨渠道整合过程以及程度的理论框架。

(3) 内容分析法

内容分析法(content analysis)是质性研究过程中的一种数据分析方法，既可以作为过程研究，也可以辅助最后的理论建构，是在质性研究过程中非常常用和适用的分析方法。内容分析法可以分为浅层内容分析和深层内容分析，前者停留在信息的浅层结构，通常是那些可以计数的信息元素，比如词频统计；后者则需要解读资料信息背后潜藏的深层含义。本章采用的是深层内容分析方法。

内容分析法不同于扎根理论，后者是质性研究和数据收集与分析的总体方法论，而前者是扎根理论中的一种数据收集和分析方法，只能在特定情境下对特定数据进行收集与分析。

5.2　样本选择与数据收集

5.2.1　样本选择

扎根理论的抽样方式通常采用"目的性抽样"，属于非随机抽样，是根据研究情境和目的选择提供信息量最大的样本，也是为了提出某一概念或遵照指导理论所进行的抽样，因此也被称为"理论抽样"。同时，扎根理论强调研究者与研究对象在自然情境下的互动性，获取的研究资料具有大量的潜在信息，保证研究的深入细致和全面。总之，抽样样本应该能够切实反映和解释研究现象，与研究目的密切相关，并能比较完整和相对准确地回答研究者的研究问题。

按照上述原则，本研究选取中国A股上市的零售企业作为样本群体，并且在2010—2017年间具有跨渠道整合的运作活动。具体原因是：① 由于历史原因，A股上市零售企业多数为传统实体零售商，而且在2010年至2017年期间正是绝大多数实体零售商进行跨渠道零售的战略转型期，符合本研究的研究情境；② 上市企业由于受股东、市场以及管理部门的监管，所公开的资料比较细致全面，而且相对真实可靠，能够提供研究所需的大量潜在信息；③ 上市公司受市场和媒体的关注度高，与股东、媒体的互动性强，相关信息也便于求证，因此研究过程也符合在自然情境下的互动性。

截至2017年12月31日，我国A股(包括上海证券交易所和深圳证券交易所)上市零售企业(根据证监会2012版行业分类标准，行业代码为F52，数据来源于国泰安CSMAR系列研究数据库)共94家，剔除ST类企业、近5年内新上市企业和行业类型发生变化的企业、统计期间存在年度实体零售收入小于总营业收入50%以及未进行多渠道零售的企业共计33家，所以最终选取样本企业61家。样本企业涵盖百货商店(37家)，综合货品商店(2家)，大卖场与超市(8家)，电脑及电子产品零售(3家)，汽车零售(4家)，药品零售(4家)，家庭装饰零售(1家)，服装、服饰与奢侈品零售(1家)，经销商(1家)等零售类型(参照中证指数的行业分类)，如表5-1所示。

表5-1　样本企业的零售类型分布

零售类型	数量
百货商店	37
大卖场与超市	8
汽车零售	4
药品零售	4
电脑及电子产品零售	3
综合货品商店	2
家庭装饰零售	1
服装、服饰与奢侈品零售	1
经销商	1
合计	61

5.2.2　数据收集

基于扎根理论进行质性研究对于数据资料的要求很高，为保证研究的信度和效度，同一佐证材料最好具有不同的来源渠道。现有质性研究的分析数据主要来自正式或非正式的访谈、现场的观察记录以及二手资料。近10年来，随着互联网经济和电子商务的发展，零售行业的变化受到大众、实务界和理论界的更多关注。尤其上市零售企业在当地的知名度高，受媒体的关注度高，对整体零售行业的影响大，而且它们的经营变化也代表了行业的发展变化。因此，对于本研究的研究主题，利用实体零售商的公开资料进行加工整理具有较高的可行性和科学性。此外，学术界利用二手资料进行质性研究也早有先例，学者们也十分重视二手资料的收集和利用(程聪等，2015；Cao et al.，2015)，并取到很好的学术成果。

本研究的数据来源主要是61家样本企业的年度报告、公告、相关媒体针对企业和高管的报道、企业官网、CSMAR数据库等多种渠道，其中2010年至2017

年间的公司年度报告是最主要数据来源。因为上市公司的年度报告不仅报告了企业的财务指标和数据，还详细报告了该年度的业务概要和经营情况，受公众监督，所以相对客观和全面。对年度报告里叙述模糊、笼统以及缺少的信息，研究者通过企业官网、相关媒体报道、CSMAR 等专业研究数据库等渠道来补充，以此来弥补第一手资料的缺憾，满足研究过程的互动性。

本研究收集的 61 家零售上市公司的年度报告以及公告来自"巨潮资讯网"(http://www.cninfo.com.cn)，其是中国证监会指定信息披露网站。相关媒体报道资料通过"百度"(www.baidu.com)对企业名称进行关键词搜索，设定搜索年份，对搜索结果页面的前 10 页进行人工筛选，保存涉及多渠道或跨渠道经营的权威网站页面。通过浏览公司官网以及电商网站，确定企业建立电商渠道的时间节点以及相关信息。对在年报和公开资料中缺乏而又必须追问和确认的关键信息，作者通过巨潮资讯网的"提问题"版块或者公司官网的"股东互动"等版块进行收集。

对本研究进行数据收集和分析的研究团队由三人组成，包括作者本人、流通经济专业的一名博士研究生和一名硕士研究生。数据收集和分析工作从 2018 年 3 月份开始，至 7 月份结束，历时 5 个月。

5.3　数据分析

数据分析阶段是对收集的质性材料进行整理、整合和编码，从而获取所需数据。本研究主要采用内容分析法，按照扎根理论的程序，将收集的年报、媒体报道等文本信息进行条目化、概念化和范畴化，以此提高数据分析的信度和效度。

数据收集完成以后，需要采用逐级编码对数据进行分析和处理。在经典扎根理论中，编码是指在不同事件之间以及事件与概念之间、概念与概念之间不断进行比较，完成对数据的概念化和范畴化，并建立关联。包括三个级别的编码：一级编码，即开放式编码，也称自由编码；二级编码，即关联式编码，也称主轴编码或轴心编码；三级编码，即核心编码，也称选择性编码。为了保证数据分析过程的规范化和系统化，编码过程中我们使用了质性研究软件 NVivo11 来辅助完成。

5.3.1　自由编码

按照 Strauss 等(1998)对于扎根理论的分析原则为指导，参考吴先明等(2014)、程聪等(2015)的资料处理过程，对收集到的有关零售商跨渠道零售的文本信息进行自由编码。自由编码的目的是通过对前文的信息资料进行分解、对比、检视，再以新的逻辑重新整合起来，实现零散资料的概念化和范畴化（陈向明，2000）。

我们对统计期间的企业年度报告（“业务概要”与“经营讨论与分析”部分）以及其他渠道获取的涉及多渠道零售活动，或者与跨渠道、全渠道战略行为相关的文本信息进行内容分析。我们利用开放性的编码过程来对收集的数据进行初步概念化和范畴化。在 NVivo11 软件中，节点相当于扎根理论中的编码、类属，是调研人员从原始的文本数据中提取并概括得出的。例如，我们将文本语句“顾客可以轻松享受在家下单、门店送货到家的服务”编码为“在线下单，商店配送”。

在自由编码的初始阶段，我们先选取 10 家样本企业 2010 年至 2017 年的年度报告，收集到相关文本语句（信息条目）163 条，三位调研者先独立对其简化和初步提炼（学界也称为“贴标签”），然后共同对编码进行反复讨论和分析，摈弃各自研究领域的“定见”与个人“偏见”，合并意义相近的标签，删除显著偏离主题的标签，最后编码成 23 个自由节点。

第二阶段，我们对剩余 51 家样本企业在统计期间的信息条目进行编码，如果与已有编码标签相似，则作为相同的自有节点；如果出现新的编码标签，则建立新的自由节点。此外，每一个新的标签产生，都要经过三人反复讨论，达到至少两人意见一致，才能建立新的自由节点。经过这一过程，初步得到 171 个自由节点。

第三阶段，我们与零售、营销和运营管理领域的三位专家（两位教授，一位副教授）进行讨论，主要针对与主题的相关性、语义表达等方面。我们通过合并语义相近的编码，删除与“多渠道”“跨渠道”零售主题关联性不大的节点，最终抽象出 26 个概念、10 个范畴，自由编码结果见表 5-2。

表 5-2　自由编码结果

概念	范畴	范畴初步定义
利用互联网进行沟通互动	拥有互联网信息沟通渠道	增加互联网与顾客进行信息沟通
利用互联网进行在线客服		
利用互联网等媒体进行营销推广	拥有互联网信息推广渠道	增加互联网对顾客进行信息推广
利用互联网提供产品和服务信息		
拥有电商网站	拥有互联网销售渠道	利用互联网实现对顾客的销售，但比较独立
进驻第三方网络零售平台		
拥有移动电商平台		
线上线下信息入口互通	跨渠道信息透明	强调跨渠道信息层面的接口互通和交互
跨渠道产品和服务信息透明		

表 5-2(续)

概念	范畴	范畴初步定义
跨渠道销售数据整合	跨渠道数据整合	强调跨渠道顾客数据共享
跨渠道会员数据整合		
线上下单,商店提货	跨渠道功能一致	强调跨渠道订单履行过程的一致性
线上下单,商店配送		
商店体验,线上下单		
线上预约,线下消费		
线上线下相互引流		
跨渠道价格一致	跨渠道营销策略一致	强调市场表现的协同性,重视不同渠道间营销资源的整合
跨渠道联合促销		
跨渠道服务政策一致		
跨渠道商品品类一致	跨渠道运营策略一致	强调内部运营的协同性,重视服务和商品资源的整合
跨渠道商品库存共享		
利用数据分析支持经营决策	跨渠道信息系统一体化	强调顾客跨渠道购物的无缝体验,重视前后台信息系统对全渠道经营决策的支持
实现对顾客全购物过程的追踪和分析		
实现全渠道前后台系统一体化		
实现跨渠道薪酬激励体系统一	跨渠道组织管理一体化	强调顾客跨渠道购物的无缝体验,重视组织资源的一体化,支持全渠道组织管理
实现跨渠道组织资源统一		

5.3.2 主轴编码

主轴编码是通过自由编码阶段获得的初始概念性资料进行再加工、再组合的过程,目的是将具有特定因果或者递进等关联关系的概念联结起来,整合为一条“轴线”,以表达某一特定情境的事件,并抽象出解释这一事件的理论要素。

本研究的具体操作是遵循主轴编码的思路,借鉴 Corbin 等(1990)的“条件—行动—结果”的分析范式,找出概念或范畴之间的关系,然后将它们组合成新的树节点(类属或范畴),归纳出“跨渠道整合”这一“轴线”,即整合程度从低到高的发展过程。比如,电子商务兴起的初期(条件),传统的实体零售商积极利用官方网站进行实体商店的信息展示以及网络沟通(行动),这样就拓展了实体零售商店与客户的交互渠道,实现了与顾客的在线沟通(结果)。对具体企业而言,以“合肥百货”(证券号码:000417)的跨渠道整合进程为例,其是较早进行多渠道整合经营的实体零售商。其面对信息技术的发展和电子商务的竞争，2011 年就开始利用互联网、微博等新兴信息渠道进行宣传活动，之后推出电商网站“百大易商城”，探索互联网销售模式。2012 年至 2013 年期间，合肥百货注重“多层立体交流渠道”联动，提升信息化水平，强化“双线、多业态联动”，往多渠道协同的方向发展。2015—2017 年，企业充分利用“‘互联网＋’在要素配置中的优化和集成作用”，坚持技术、管理等资源的整合，其“线上线下融合的商业模式已见成效”，可见整合程度这一“轴线”非常明显。

通过该阶段的编码过程，我们归纳出 6 个主范畴：拥有互联网沟通渠道、拥有互联网销售渠道、跨渠道信息一致、跨渠道功能一致、跨渠道策略一致以及跨渠道全面一致。例如，“建立电商网站”和“利用第三方网络平台”都意味着企业开拓了互联网销售渠道，因而将之归类为“拥有互联销售渠道”范畴；“线上下单，商店提货”和“线上下单，商店配送”都是针对跨渠道订单履行过程的一致性，所以归类为“跨渠道功能一致”；“跨渠道价格一致”“跨渠道联合促销”以及“跨渠道服务一致”都属于“营销策略一致”范畴，“跨渠道商品库存共享”则属于“运营策略一致”；“营销策略一致”和“运营策略一致”可归类于“跨渠道策略一致”主范畴。最终将 10 个子范畴归类到 6 个主范畴之中，具体主轴编码结果详见表 5-3。

表 5-3　主轴编码结果

主范畴	子范畴	特征描述
拥有互联网沟通渠道	拥有互联网信息沟通渠道	仅利用互联网作为与顾客的沟通渠道
	拥有互联网信息推广渠道	
拥有互联网销售渠道	拥有互联网销售渠道	利用互联网实现对顾客的销售，但作为独立渠道
跨渠道信息一致	跨渠道信息透明	强调跨渠道信息层面的接口互通和交互
	跨渠道数据整合	
跨渠道功能一致	跨渠道功能一致	强调跨渠道订单履行过程的一致性
跨渠道策略一致	跨渠道营销策略一致	强调市场表现和内部运营的协同性，重视不同渠道间营销和运营策略的整合
	跨渠道运营策略一致	
跨渠道全面一致	跨渠道信息系统一体化	强调顾客跨渠道购物的无缝体验，重视全渠道的经营和管理
	跨渠道组织管理一体化	

5.3.3 选择性编码

选择性编码是在自由编码和主轴编码的基础之上，把表达事件的关键理论要素系统地联系起来，挖掘内在关系，反映出事件背后的理论逻辑(Corbin et al.,1990)。选择性编码的核心任务就是梳理清楚关键理论要素以及关系特征和条件，通过逻辑演绎提出针对研究主题的理论范式模型。

在本阶段，我们进一步将6个主范畴与已有理论进行对接和比较，尤其与Bagge(2007)的"多渠道零售阶段"论、Cao等(2015)的"跨渠道整合水平"论进行互动比较，重点思考和说明我国实体零售商跨渠道整合现象的核心，即故事线。研究发现，跨渠道整合是实体零售商基于信息技术进行渠道资源整合的动态发展过程。

首先，实体零售商的跨渠道整合过程遵循信息技术的应用程度由低到高的发展主线，即从"简单利用"到"支持决策"的过程，即企业对信息技术的应用是从低级逐渐过渡到高级阶段。具体而言，"建立互联网沟通渠道"和"建立互联网销售渠道"是对互联网资源较低级的利用过程，起到丰富顾客触点和销售机会的作用；"跨渠道信息一致""跨渠道功能一致"和"跨渠道策略一致"是以信息技术为基础的互联网资源成为辅助实体零售业务的重要力量；"跨渠道全面一致"阶段，信息技术成为实体零售企业转型为"全渠道"零售企业的支撑，是企业进行经营决策必不可少的支持要素。

另外，跨渠道整合的过程也是整合范围不断扩大的过程，即"技术资源—系统资源"过程。从"建立互联网沟通渠道"到"跨渠道系统整合"阶段，资源整合的范围越来越大，从单纯的技术资源发展到包括组织、人力等系统资源，同时要求协同的程度也越来越高。"建立互联网沟通渠道"是在实体沟通场景的基础上，整合和利用互联网、新媒体等技术资源，新增加与顾客的沟通渠道；"建立互联网销售渠道"是在增加沟通渠道的基础上，实体零售商继续整合部分商品及其他资源建立起新的销售渠道；"跨渠道信息一致""跨渠道功能一致"到"跨渠道策略一致"，整合的资源范围越来越广，除了技术资源，还涉及商品资源、物流资源、供应商以及第三方合作伙伴等供应链资源，并且是逐级增加的过程；最后"跨渠道全面一致"，是对企业战略资源的整合，包括前后台的信息系统资源、组织资源、人力资源等，是为实现顾客的跨渠道无缝体验而进行的企业最高层面的资源整合。

综合以上两条主线，实体零售商从简单利用、逐步整合，至全面整合互联网渠道资源的过程，也是跨渠道整合程度不断提高的过程。因此，本研究提出了实体零售商跨渠道整合的理论范式模型，如图5-1所示。

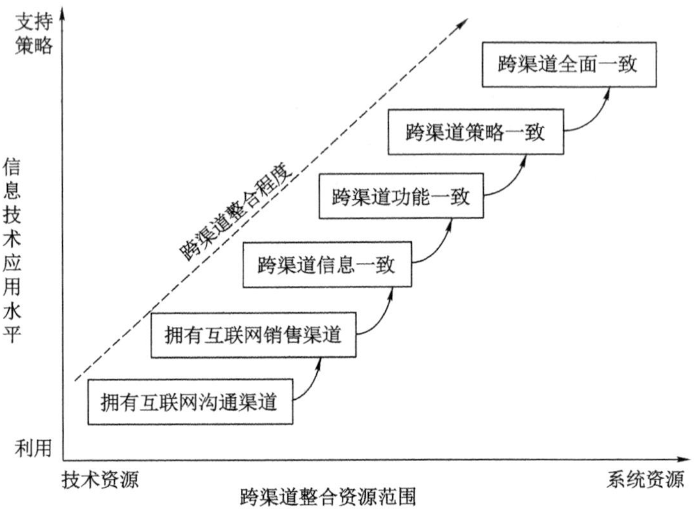

图 5-1　跨渠道整合演化过程示意图

5.4　研究结果

经过扎根理论研究的方法和程序,本章最终获得了实体零售商进行跨渠道整合的演化范式和不同阶段。在整个数据分析过程中,作者严格遵循理论抽样和持续比较的原则进行编码和分析,直到达到数据饱和。

为了保证研究结论的信度和效度,同时考虑到可行性和方便性,本研究采取了如下方法:① 以企业公开的年度报告为主要资料依据,因为年度报告受监管部门和公众的监管,能保证数据的真实性和客观性;② 编码过程利用 NVivo11 软件,其是质性研究中使用最广泛和最受认可的工具,能够最大限度地避免编码过程中的人工失误;③ 编码研究团队由三人组成,可以相互检验,避免个人的主观性和先验性;④ 关键环节由三位不同领域的专家组成的征询团队确定,使结论的提出更具理论依据,增加有效性;⑤ 按照学界较为认可的 Rust 等(1994)的质性研究信度度量方法,邀请两位专家再次独立对自有节点和范畴进行配对归类,最终推导出 PRL(proportional reduction in loss)的估计值为 0.87,高于 Rust 等(1994)推荐的标准值 0.7,可以认为本研究结论具有较高信度。

研究发现,实体零售商的跨渠道整合过程是信息技术应用水平不断提高的过程。互联网技术的发展给天生缺乏互联网基因的实体零售商带来新的机遇和挑战。经过对我国 A 股上司的实体零售商进行质性研究发现,企业对信息技术的应用是从低级逐渐过渡到高级阶段，经过了从利用到支持决策的过程。

研究还发现，实体零售商跨渠道整合的另一条发展主线是整合资源范围的逐渐扩大。从“建立互联网沟通渠道”到“跨渠道全面整合”阶段，资源整合的范围越来越大，从单纯的技术资源发展到包括组织、人力等系统资源，同时要求协同的程度也越来越高。

综上，实体零售商的跨渠道整合过程是整合程度不断提高的过程，即资源整合的范围不断扩大以及信息技术的应用水平不断提升的过程，经历六个演化阶段：拥有互联网沟通渠道，拥有互联网销售渠道，跨渠道信息一致，跨渠道功能一致，跨渠道策略一致，跨渠道全面一致。

5.5 本章总结

本章遵循扎根理论的方法和研究过程，基于在我国A股上市的61家实体零售商的公开二手资料，对其跨渠道整合过程进行质性研究。经过数据收集、三级编码过程的数据分析，研究结果发现，实体零售商的跨渠道整合是资源整合的范围不断扩大以及信息技术的应用水平不断提高的过程，也是跨渠道整合程度不断提高的演化过程。整合进程的六个阶段分别是：建立互联网沟通渠道，建立互联网销售渠道，跨渠道信息一致，跨渠道功能一致，跨渠道策略一致，跨渠道全面一致。

6 企业视角下跨渠道整合对经济绩效的影响研究

理论研究中,企业绩效一般可以分为经济绩效和非经济绩效。在零售领域的研究中,学者们关注零售商的经济绩效一般包括盈利、效率等财务方面的业绩表现;非经济绩效多指与上游供应商或顾客有关的关系表现,即关系绩效。鉴于跨渠道整合与零售商绩效之间的线性关系结论在学术界存在争议和质疑,本章在前面分析的基础上,将首先探究并验证跨渠道整合与实体零售商盈利性经济绩效之间的非线性关系以及内外部环境因素的调节作用,回答跨渠道整合对经济绩效的实际影响以及有效性问题。

6.1 研究概述

由单渠道零售、多渠道零售向全渠道零售转型的发展趋势得到商界和学界的认可。在网络零售快速发展的同时,传统实体零售商也积极拓展渠道类型,依托互联网、物联网及人工智能等新技术,不断融合新渠道,努力实现顾客跨渠道的无缝购物体验。然而在全渠道零售的转型过程中,实体零售商们却逐渐产生对跨渠道整合有效性和盈利性的担心(Akturk et al.,2018)。

全渠道零售强调企业要整合尽量多的渠道资源和类型来满足消费者的跨渠道无缝体验。零售领域的学者一方面认为,跨渠道整合能够综合利用多种渠道资源,实现渠道之间的优势互补,提高零售效率,扩大销售机会,产生协同效应(Herhausen et al.,2015)。另一方面认为,因为不同类型渠道存在不同的固有特征,能够满足不同的市场需求,但跨渠道整合致使渠道特性消失,渠道冲突难以避免,渠道之间相互竞食,因而产生稀释效应(Gallino et al.,2017)。

虽然跨渠道整合对企业绩效会产生截然相反的两种结果,但是部分学者还是认为其协同效应大于稀释效应,总体会提高企业的经济绩效。不过,已经有学者逐渐认识到渠道策略的适度性(李飞等,2017),认为过度的渠道策略可能会产生"过犹不及"的负面后果。那么,跨渠道整合对实体零售商经济绩效的影响是否真的会"过犹不及"?现有研究缺乏实证证据,也没有给出明确结论。

另外,在理论构建和验证过程中不能忽视情境因素的重要性(徐淑英等,2011)。跨渠道整合对企业绩效的影响问题虽受到现有研究的重点关注,但是其发挥作用的边界条件还没能得到充分论证。结构权变理论（structural contingency theory）强调，组织效率依赖于组织和内外情境的契合或匹配，除此没有普遍有效的组织或管理方式（Pennings，1987）。因此本研究将考虑实体零售商的主要内部情境变量（实体零售经验和人力资本）以及主要外部情境变量（市场化水平和市场异质性）的调节作用。

6.2　理论分析与研究框架

资源基础观认为企业优良的资源禀赋是企业竞争优势的来源（Barney 1991）。因此，拥有“价值性、稀缺的、独特性和不可替代性”特点的异质性资源是企业取得良好绩效的基础（Barney，2001）。基于该理论，学者们提出了在一定条件下，企业的信息技术资源（Chen et al.，2014；高沛然等，2017；曾伏娥等，2018）、组织资源（魏谷等，2014）、联盟网络（张红娟等，2014）以及制度支持（李召敏等，2016）等内外部资源皆可以成为异质性资源。

动态能力观（dynamic capabilities view，DCV）强调在不断变化和不可预测的市场环境中，企业整合、重构以及开发内外资源的能力是企业竞争优势的来源（Teece et al.，1997）。结合资源基础观和动态能力观，拥有异质性资源并对其进行不断整合是取到良好绩效和保持持续竞争力的关键（Wang et al.，2007；Wu，2010）。

跨渠道整合能够帮助实体零售商在传统实体渠道资源的基础上，融合信息技术、互联网以及联盟伙伴的资源优势，重新获得异质性资源并形成竞争力。随着信息技术和电子商务的发展，实体零售商面临网络零售商的竞争和顾客需求的变化，这迫使企业要根据外部环境的变化来识别和重构其异质性资源基础。无论是外部资源，还是企业内部已有的资源，都可以作为重构异质性资源的基础，但需要一个资源整合的过程（董保宝等，2011）。零售渠道是零售企业最重要的资源或资源载体，相比竞争对手的渠道优势是零售商竞争力的主要源泉。在面临网络零售商的竞争和市场需求变化的外部环境下，实体零售商配置和整合多种渠道资源，尤其是互联网渠道，是根据环境变化而努力提升动态能力的过程。企业这种动态能力能够提高企业绩效，促进企业成长（Vanpoucke et al.，2014）。

但是，基于有限理性理论（bounded rationality theory），实体零售商倾向于最大程度进行跨渠道整合，满足顾客跨渠道的无缝体验，实现全渠道零售的理想目标，但由于认知能力有限，企业却无法做出最优的反应。这会造成随着跨渠道整合程度的增大，不可预知和难以控制的因素也会增多，随之付出的成本和损失也会迅速提升，因此企业绩效很难一直延续增长的趋势，“过犹不及”效应便由此产生。组织行为对绩效的“过犹不及”效应已经被社会学、经济学以及管理学等领域的一些研究所验证（Andrevski et al.，2019；Li et al.，2018），过度的积极因素可能会给绩效造成负向的损失。超过合理程度的整合行为可能导致企业内部的协调成本和固定投入迅速增加，也会使边际收益递减，从而形成与绩效之间的倒 U 形非线性关系。

开放系统理论（open systems theory）表明，系统内部不但有相互联系和依赖的子系统，而且必须与其外部环境进行物质交换。结合结构权变理论，本研究提出如图 6-1 所示概念模型。

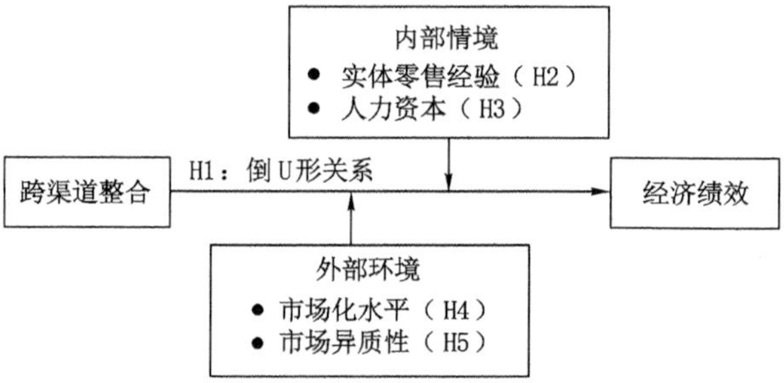

图 6-1　跨渠道整合对经济绩效影响的研究概念模型

6.3　假设提出

6.3.1　跨渠道整合与企业绩效的倒 U 形关系

近年来，跨渠道整合对企业绩效影响的有效性受到了一些学者的质疑。例如，汪旭晖等（2013）认为多渠道零售商面临渠道之间协同效应和稀释效应并存的现实。李飞等（2017）通过多案例研究认为，过度片面地追求线上和线下的融合以及不切实际的全渠道销售都属于渠道策略的过度，不仅造成成本的增加，还会带来长期销售绩效的降低。Pentina 等（2009）通过对多渠道零售商的互联网站进行内容分析得出，高水平的渠道间协作能够提高零售商的线上销售绩效，但是实体渠道与电商渠道的功能整合程度过高并不能显著提高销售绩效。Bernstein 等（2008）利用一个基于寡头垄断的均衡模型推导得出，实体零售商整合线上渠道虽然能够增加消费者福利，但并不一定能够增加企业利润。因此，本研究认为实体零售商的跨渠道整合战略与企业绩效之间的关系可能不是简单的线性关系，而应该是倒 U 形的非线性关系。

6.3.1.1 倒U形关系背后的理论依据

一方面,根据有限理性理论,实体零售商倾向于最大程度进行跨渠道整合,满足顾客跨渠道购物的无缝体验,实现全渠道零售的理想目标,但是由于认知能力有限,企业无法做出最优的反应。因为现实中零售行业实践者对全渠道零售的目标是模糊的,甚至是不一致的(Ailawadi et al.,2017),同时又面临外部高度不确定性的技术和需求环境,这会造成企业内部各子系统之间的协调和适应行为变得异常复杂(March,2006)。已有研究大多基于企业在认知范围内的反馈数据、理想状态下的实验数据以及顾客的感知数据,得出跨渠道整合与企业绩效之间存在简单的正向线性关系的结论。例如,Oh等(2012)利用问卷调研的方式,得出基于IT的跨渠道整合能够提高企业的探索能力和利用能力,从而提高企业绩效的结论;Herhausen等(2015)利用实验法,在已有线下渠道新增加线上渠道的情境下,发现渠道整合(物理整合和信息整合)通过提高互联网渠道的服务质量和降低互联网渠道的感知风险,不但提升了线上和线下渠道的销售绩效,而且提升了企业整体的销售绩效。吴锦峰等(2016)通过对零售顾客的调研,实证得出跨渠道整合通过提高顾客的品牌态度(线下商店态度和线上商店态度)对零售商权益产生正向影响的研究结论。这些结论都可以被认为是在一定阈值范围内的整合程度对绩效产生的积极作用。但是,根据有限理性理论,如果整合程度超出一定的阈值,也就超出了企业的认知范围,企业很难做出最优的反应,也就无法保证正向关系的延续。

另一个非线性关系的产生机制是"过犹不及"效应(too-much-of-a-good-thing effect)。"过犹不及"效应解释了组织活动中一个明显的悖论:通常有益的前因在使用过度时反而会对组织造成伤害。Pierce等(2013)指出,因为"过犹不及"效应的存在,所有看似单调的正相关关系都会达到特定情境的拐点,然后会逐渐变弱,甚至再表现为负相关关系,从而形成一个整体的倒U形曲线模式。该效应已经在组织行为(Lvina et al.,2018)、人力资源管理(Li et al.,2018;朱金强等,2018)、市场营销(Zhang et al.,2017)、创业管理(Warnick et al.,2018)以及战略管理(Larsen et al.,2013)等领域被学者验证。例如,在战略管理领域的研究中,虽然目前流行的理论观点是多元化与绩效呈现线性正相关关系,但越来越多的实证证据符合"过犹不及"效应,即过度的多元化可能会对企业业绩产生负面影响(Qian et al.,2010;Palich et al.,2000);Jones(2003)认为,虽然增加新产品或新服务有许多好处,但随着产品开发率的上升,也会出现日益严重的"内在不经济",如相互竞食、范围限制和运营复杂性的增加;Rothaermel等(2006)也发现,对外部资源的整合和兼并也存在"过犹不及"的效应,因为整合行为的收益递减和成本递增,造成与企业绩效的倒U形关系。实体零售商进行跨渠道整合既是对外部资源的整合,也是开发新服务进行多样化经营的过程。根据相关研究已有的成果和基础,本研究推断实体零售商的跨渠道整合行为与经济绩效之间也可能存在倒 U 形关系。

6.3.1.2 微观过程机制的解释

Haans 等(2016)对战略管理领域的有关因变量与结果变量存在非线性关系的已有研究提出批评,认为多数研究的理论分析不够充分,非线性关系的假设推演未涉及微观内在机制的解释。另外,他们还提出了倒 U 形(或 U 形)关系的两种内在过程机制:叠加机制和交互机制。本研究赞同 Haans et al.(2016)的观点,并响应他们的呼吁,利用收益/成本的叠加机制来推演跨渠道整合行为与实体零售商经济绩效之间的倒 U 形关系。

(1) 跨渠道整合可以提高实体零售商的销售收益

通过跨渠道流程整合可以打通促销、品类、价格、下单、付款、递送、退换、客服等多个交易阶段,消费者可以接受的企业营销和服务信息的范围变得更广,而且频率更高。更多的顾客触点和更方便的购物过程和体验,有助于提高顾客的购买频率和购买价值(黄漫宇等,2017;Kumar et al.,2005)。全渠道零售情境下,跨道整合还能使消费者获得更多的授权(Zhang et al.,2018)。通过多渠道之间的信息入口整合,允许消费者在购物过程中具有更多的渠道选择权,并且从各种渠道获取到一致和互补的信息。整合的信息和沟通机制能帮助消费者降低购物过程中的感知不确定性和困惑,有助于他们做出更好的决策。因此,在与渠道整合良好的零售商互动时,消费者会获得更多的产品信息和选择机会,从而感知到更多的零售商授权(Broniarczyk et al., 2014)。消费者感知到更多的授权会积极影响其满意程度,增强光顾意愿和购买频率。

一定程度的跨渠道整合可以扩大目标市场,提升顾客体验和满意程度,从而提高市场销售收益。多渠道零售商通过跨渠道整合能够使渠道之间相互引流,从而有助于顾客跨渠道购买,增加销售机会(Berry et al.,2010;Neslin et al.,2006)。Gensler 等(2012)还认为,实体零售商通过拓展和整合互联网渠道能够更好地满足顾客需求和期望,扩大市场范围,增加消费者福利,从而刺激消费者进行更多的交易行为,提升企业收益。

跨渠道整合是适应顾客全渠道购物需求的过程,能够满足顾客跨渠道无缝体验的期望。实体零售商在已有实体商店的基础上增加互联网渠道,或者基于信息技术的自助服务,能够为消费者提供更多的增值和定制化服务,如自助查询、网络预约、送货上门等。更多增值服务的提供能够积极影响消费者在认知和情感上的承诺,提高其满意水平,因而促进顾客与企业间的长期关系。Rigby(2011)指出顾客全渠道购物时代已经到来,全渠道购物的消费者寻求的是跨渠道的无缝体验，而不是某一渠道的特定功能，成功的企业应该通过数字和实体"混搭"的全渠道零售方式来满足顾客期望。实体零售商的跨渠道整合就是响应顾客的这一期望，整合内外渠道资源，并统一各种零售要素（信息、商品、服务、促销等）向全渠道零售目标转变的过程。这种转变提高了零售商适应环境变化的动态能力，满足了消费者跨渠道无缝体验的期望，从而提高了企业长期的销售绩效。

跨渠道整合可以提高企业的品牌资产，降低顾客关系管理成本。基于资源基础观，品牌也是企业塑造竞争能力的重要资源基础。现有研究一致认为，良好的品牌资产可以降低获取新客户、维持和保留老客户的成本（Nam et al.，2011）。在消费行为和品牌延伸领域的研究结论认为，消费者更加信任和偏好一致性信息。整合水平高的跨渠道零售商（如，线上线下价格一致）能提供全面一致性信息，从而有效降低顾客在选择判断时所耗费的时间和精力，减少困惑以及提高决策效率（汪旭晖等，2017）。因此，消费者更容易提升对该零售商品牌的认知程度和忠诚度。互联网渠道和实体渠道的组合可以发挥互联网渠道信息丰富的优势和实体商店切身体验的优势，将顾客购物的不同阶段"锁定"在特定渠道，达到保留顾客的目的。新技术也为实体零售商提供了将互联网、移动互联网和线下实体渠道进行整合，并为顾客提供无缝体验的机会。根据客户关系管理领域的研究结论，越高的品牌资产越能降低企业获取、维持和保留顾客的成本。

一定程度的跨渠道信息和功能整合还能够提高经营效率。通过使用信息技术，在多个零售渠道之间进行更高水平的整合能够提高零售企业当前的运营效率（Oh et al.，2012）。资源的整合能够使企业利用有限资源来加强与客户的关系，从而促进对现有资源的开发能力，降低运作成本。例如，跨渠道之间的基础设施和资源共享可以降低顾客订单的履行成本；库存共享可以获得集成效益，降低库存成本；信息和订单流程的整合可以实现顾客参与自助服务（如线上下单，商店取货），能够降低分销和顾客服务成本。我国学者刘向东等（2017）也验证了实体零售商面对网络零售商的竞争和消费者消费行为的变化时，采用"自建购物网站"和"与第三方网络平台合作"等"触网"战略能够提高企业的技术效率。黄漫宇等（2017）也根据我国上市零售企业的经营实践数据得出基本一致的结论，即在"因地制宜"地实施全渠道零售战略过程中，渠道整合的程度越高，零售商的经营效率越高。

（2）超过一定限度的整合会造成边际收益递减和成本递增

中国有句谚语叫作"过犹不及"，意思是做任何事情都要适度，不能走极端，其中也包含着"中庸之道"的哲学思想。全渠道零售的目标虽然强调要实现顾客跨渠道的无缝体验以及企业的最大收益，但也并不能意味着跨渠道整合的程度越高越好。不管是根据“有限理性”的西方管理理论，还是基于我国“中庸之道”的哲学理念，过度的“整合”都会造成内在的损失，即边际收益的递减和内部成本的增加。

第一，过度的整合行为会减缓销售绩效的增长。跨渠道整合的程度越高，对信息技术的依赖越大。根据信息经济学视角，对大数据等信息技术的过度应用，可能会导致企业与顾客之间信息不对称问题加重。在此情况下，消费者更有可能处于信息劣势地位，对最容易获取的价格信息越来越敏感，导致出现逆向选择，最终结果会致使企业失去优质顾客，负面影响企业的销售绩效。例如，基于大数据“对顾客全购物过程的追踪和分析”，虽然能够掌握顾客的全方位购物习惯和行为，实现“精准”营销，但是顾客的信息劣势地位就更加明显。一旦顾客感知到自己的信息劣势和选择受限，则将会增加顾客的感知风险。同时，企业也可能因为信息优势而产生“道德风险”问题，导致顾客产生对自身隐私的担忧，降低顾客信任，减少与企业的交易频率和数量。

由于消费者的信息处理能力有限，过多的信息和选择机会会造成信息超载，给决策带来困难，从而导致消费者困惑（Kasabov，2015）。例如，过度“利用数据分析支持经营决策”，可能会对消费者带来过多的信息选择和支持，这将造成信息和选择的超载，导致消费者困惑。已有学者和媒体意识到这方面的问题。邓线平（2018）指出，利用信息技术对消费者购物行为进行跟踪和数据挖掘，能够对消费者进行精准信息推送和促销，但是这会引起消费者对隐私和“杀熟”的担忧，从而产生不安的心理状态。Garaus 等（2015）也认为，对信息技术的过度应用会造成消费者的信息超载、选择过多、隐私担忧等问题，产生认知、情感和意动上的疑惑与不安，即消费者困惑。消费者困惑会使消费者产生不利于的企业的行为，如负面口碑、放弃购买等，对企业销售产生负面影响。

过度的整合行为也可能导致多渠道之间的过度融合，丧失渠道特性，从而降低范围经济效应。实体零售商进行多渠道零售和跨渠道整合的一个优势是能够增加顾客触点和销售机会，扩大市场销售范围，获得范围经济效应，因此，完全程度的“品类一致”和“价格一致”可能未必能够增加零售商的整体收益。另外，多渠道之间过度的整合会限制零售商满足消费者对特定渠道的特殊期望，降低区别于主要竞争对手的能力（Berry et al.，2010）。如果消费者长期特别依赖于某一特定渠道，那么跨渠道整合将使他们在原有的渠道中找不到预期的特性和优势，从而转向竞争对手（Cao et al.，2015）。通过不同渠道提供不同质量水平的产品和服务，消费者能够清楚地分辨出不同渠道的属性和差异，甚至会更期待这种差异（Berry et al.，2010；Verhoef et al.，2007）。从这个意义上说，过高程度的整合可能会导致企业失去原有的忠诚顾客群体，致使总体销售绩效的下降。

第二，过度整合会增加运营的复杂性，导致成本迅速增加。虽然跨渠道零售可能使顾客能够随时随地通过多个接口与企业进行无缝交互，产生需求的协同效应，但是内部业务的协同运作可能难以实现，因为有效管理多种类型的渠道还需要更多独特的技能和资源（Zhang et al.，2010）。复杂性（complexity）对绩效的影响是理论研究中比较传统的课题（Rawley，2010；Nickerson et al.，2002）。基于任务复杂性视角，组织也可以被视为一个任务网络，组织内部各部分相互依存。由于人的有限理性，其认知水平是有限的，当面对大量任务时，就会存在复杂性问题。任务复杂性是任务的多路径、多目标以及过程中相互冲突的表现。渠道资源和功能的整合可能使不同性质的任务交织在一起，导致完成任务的过程复杂化，例如，跨渠道整合致使实体零售商的订单履行过程变得复杂。不同的渠道还可能有不同的目标市场和功能定位，甚至零售商的个别渠道不是自建渠道，如与阿里巴巴、京东的合作，如果高度统一不同的商品品类和定价，这都会加大业务协同的难度和挑战性。因此渠道之间业务的协同难度加大，运营成本也可能由此增加。

另外，根据开放系统理论，面对不断变化的外部环境，企业内部子系统之间的相互依赖性越来越强，过度的整合则会增加系统内部组合的复杂性。这种情况下，如果增加一个元素就有可能导致子系统之间的接口数量和相互依赖的程度呈指数增长（Ethiraj et al.，2004），内部的协调成本和损耗也因此迅速增加。现有零售研究领域的部分学者也已经关注到这一现象，例如，Gallino 等（2017）利用模型推导得出，过度的渠道整合会提高产品销售的离散性，从而增加周期库存和安全库存的数量和成本。基于信息技术应用复杂性视角，随着实体零售商整合程度的提高，信息技术固定投入和利用成本也迅速增加。一定程度上信息技术能够提高企业运营效率，降低成本，但这需要与企业的规模及所处行业情境相适应。据埃森哲（Accenture）的调研，传统零售企业在信息技术的投入呈几何级增长，基于互联网的顾客获取及维持成本也迅速增加，数字化的投入成本成为企业新的负担。总之，超过一定的限度，跨渠道整合带来的损失可能会大过收益。

综上分析，跨渠道整合能为实体零售商带来销售收益的增长，但是过度整合会导致收益的边际递减和成本的快速增加。企业的“过度”行为，不但不能达到企业期望的效果，而且还会减缓正向作用，甚至产生负面结果。依据 Haans 等（2016）的收益/损失叠加机制，跨渠道整合与实体零售商的经济绩效之间会出现倒 U 形关系。因此，本研究提出假设 1。

H1：跨渠道整合与实体零售商的经济绩效之间呈现倒 U 形关系。具体而言，适度的跨渠道整合能够正向影响实体零售商的经济绩效，整合过度会转向负向影响。

6.3.2 实体零售经验的调节

本研究认为，跨渠道整合是以信息技术为基础的零售模式转型和创新。根据创新领域的研究结论和权变理论，创新的实施效果会受到情境因素的影响。整合的程度是受技术的推动和制度同构影响（详见本书第3章），其对绩效的作用效果会受到企业内部情境因素的调节。针对实体零售商而言，长期从事传统实体零售积累了丰富的经验和品牌影响力，也塑造了该领域的核心能力。因此企业长期积累的实体零售经验是重要的内部情境因素。

开放系统理论认为，开放的复杂系统内部会存在着多重均衡状态（郭金喜，2007）。由于正反馈机制和自我强化机制，组织往往会倾向于将自己"锁定"于某种长期均衡状态，形成路径依赖。结合动态能力理论，实体零售商进行跨渠道整合是为了打破原有的均衡状态，适应不断变换的环境而对内外资源进行整合和调整的过程，目的是塑造新的能力和竞争力。但是，在动态能力的构建过程中会受到来自企业内部环境的一些障碍。企业创新、组织变革及战略转型领域的研究成果表明，由于组织惯性和核心能力刚性造成的路径依赖是阻碍企业动态能力构建的重要因素。本研究将从组织惯性和核心能力刚性的路径依赖视角阐述实体零售经验的调节作用。

路径依赖原本是新制度经济学研究中的常用概念，一般指经济或社会系统长期运行于某种结构或模式中，因而会受惯性的影响而不断自我强化，并在一定程度上锁定在这种结构或模式上（Sydow et al.，2009；尹贻梅等，2011）。简单讲，路径依赖就是经济、社会或者技术系统的发展和演变通常要受到人们过去路径的影响。在企业战略管理领域研究中，Sydow等（2009）认为组织路径依赖的核心是导致组织陷入"锁定"状态的动态自我强化机制，说明一个组织处于某种结构或模式时间越长，对过去的路径依赖越严重。一般认为，路径依赖的存在会降低组织资源配置的效率，造成效率损失，甚至无效率。我国学者陈传明（2002）指出，企业在战略调整和业务模式创新中也会表现出路径依赖的特征，路径依赖的存在会给战略转型和创新的有效性造成一定障碍。

一方面，在零售行业中，实体零售商长期从事传统实体零售服务，积累了丰富的实体零售经验，也形成了一定的组织惯性。根据路径依赖理论，组织过去稳定的和可复制的结构和业务模式会形成组织惯性，在企业变革和创新过程中会造成一定的障碍，影响创新的效果（吕一博等，2016）。一个组织运行于某种结构和模式的时间越长，其组织惯性和受过去路径的影响越大，路径依赖的程度就越高（Sydow et al.，2009）。有学者已经证实，企业从事某行业的年限会负向调节组织学习、组织创新对企业绩效的积极作用（Hui et al.，2013）。因此，实体零售商过去成功的实体零售经验也可能转变为转型时期的负担和障碍，制约其进行全渠道零售的转型和创新。

另一方面，基于长期的实体零售经验形成的现场服务和管理能力具有核心能力刚性，会增加业务整合和资源共享过程的协调成本，并通过创造适应性障碍来限制协同效应的产生。跨渠道整合是实体零售商的经营战略调整和业务模式变革，协同效应的产生需要对原有渠道和新渠道进行业务整合和资源共享。资源共享并不是企业取得协同效应的充分条件，因为企业为共享资源也要付出必要的协调成本(Levinthal et al.，2006)。组织刚性存在的情况下，协调成本会抵消因整合资源而带来的范围经济效益；另外，还因为路径依赖，进一步限制范围经济的产生(Rawley，2010)。因此，实体零售商原有的零售经验很容易成为组织惯性和核心能力刚性的来源，提高跨渠道整合的成本，破坏嵌入到现有流程的隐性知识，最终会对整合的效果产生负面影响。因此，本研究提出假设2。

H2：实体零售经验会弱化跨渠道整合对实体零售商经济绩效的正向影响。也就是说，实体零售商从事实体零售的时间越长，跨渠道整合对经济绩效的积极作用越弱。

6.3.3　人力资本的调节

人力资本是实体零售商重要的服务资源，是体现在员工身上的知识、技术以及健康状况等因素，它反映支持企业跨渠道整合的人力资源能力。Oh 等(2012)的研究证明，在以技术为基础的跨渠道整合活动中，支持渠道整合的人力资源能力会起到积极的促进作用。因为实体零售相对网络零售的重要优势就是现场员工的服务能力，在由实体零售向全渠道零售的战略转型过程中，良好的人力资本可以为企业提供支持跨渠道整合运作的人才，也是对 IT 等技术资本的有益补充(Aral et al.，2007)。人力资本与企业的技术资本产生的协同效应可以提高整合效率，降低整合成本(Nevo et al.，2010)。

人力资本是实体零售商实现全渠道零售运营的内部“软”环境，能够支持以信息技术为基础的渠道整合和流程创新，有益于顾客跨渠道无缝体验的实现。虽然“信息整合”“数据整合”以及功能整合是依赖信息技术的服务创新，但是负责现场销售和服务交付的一线员工也发挥着重要作用。有研究证实，员工现场的服务能力与顾客的渠道选择和体验具有显著的正相关关系(Verhoef et al.，2009)。因为一线员工的受教育程度或者掌握信息技术的能力越强，越能够适应顾客多样化的交互需求，也就越有利于顾客跨渠道无缝体验的实现。

高质量的人力资本也代表企业员工具有高效的学习能力以及适应和调整能力(Aryee et al.，2016)，能够较快地掌握跨渠道零售服务的业务技能和技术知识，提高多渠道的服务质量。根据现状偏好理论（Kahneman et al. ,1991），实体零售商的顾客更愿意维持现有的购物渠道和习惯，而不愿尝试新的渠道，这会降低跨渠道整合对绩效的作用效果。有研究证明，员工良好的现场服务质量和形象对顾客光顾新渠道会产生晕轮效应，提高线上渠道的销售数量（Jin et al. ,2010）；通过服务质量的提升和服务便利性的提高，企业整体的市场绩效也会得到提升（Oh et al. ,2010）。

综上，良好的人力资本能够支持以信息技术为基础的渠道整合活动，提高整合效率，促进对企业整体经济绩效的正向影响。因此本研究提出假设 3。

H3：实体零售商的人力资本会强化跨渠道整合对经济绩效的正向影响。具体而言，实体零售商内部的人力资本状况越好，跨渠道整合对经济绩效的积极作用越强。

6.3.4 市场化水平的调节

传统的资源基础理论侧重于企业通过整合资源建立竞争优势的内部机制，却忽视了外部产业环境的重要性（Aragón-Correa et al. ,2003）。因此，学者们呼吁应该综合分析外部环境变量对资源基础内部机制的影响。为了响应这种号召，创新管理、管理信息系统等领域的学者在学习能力、IT 能力等内部资源基础与组织绩效的关系研究中，开始关注外部环境变量发挥的调节作用（郭韬等，2017；Chen et al. ,2014）。

在中国特色情境中，市场化改革是企业行为研究中不容忽视的重要经济背景和制度背景（解维敏，2016）。虽然中国各地区之间的基本市场经济体制和制度是相同的，但是市场化改革的进程仍然很不平衡。作为一种外部制度环境，企业所在地区的市场化水平可能会影响到资源获取的成本和整合的效率（吴晓晖等，2009）。

市场化是指市场经济逐步替代政府管制型经济的转化过程，在此过程中，市场机制逐渐对资源配置起到决定作用，对经济的影响持续增强。市场化水平综合反映了一个地区市场机制的发展进程和演化程度。虽然中国经济整体发展迅速，市场化改革的进程也在快速推进，但是各地区的市场化水平存在很大差异，发展很不平衡（樊纲等，2011）。企业经营区域的市场化水平越高，当地的市场机制功能越完善，企业外部的发展环境、竞争环境和制度环境也就越优越。研究表明，市场机制的有效性可以保障资源配置的效率，促进地区市场经济的增长（强国令等，2015）；企业能从高水平的市场化机制中获得高流动性的生产要素，通过传导机制可以降低市场交易成本，提高企业资源的配置效率（周杰等，2012）。

市场化水平能够反映当地政府与市场的关系、产品市场和要素市场的发展程度、市场结构和制度环境等涉及企业经营外部环境的各个方面(樊纲等,2011)。市场化水平越高的地区,政府对资源配置的干预程度越低,资源配置效率越高,企业获取资源的便利性越好(吴晓晖等,2009)。企业更愿意根据市场的需求配置和整合资源,也更容易从市场竞争中获得相应的回报。根据资源基础理论,实体零售商进行渠道资源的整合是为了提高市场竞争力。在市场机制占主导的竞争环境中,企业的战略转型和创新行为更能够获得市场的认可,提高企业绩效(戴魁早等,2013)。

另外,市场化水平高的区域,商品流通的基础设施比较完善,资源要素流动的效率比较高,这有助于零售企业高效地利用新技术来整合新资源,降低整合的成本。例如,市场化进程发达的地区,具有较好的营商环境,有利于传统零售企业与第三方平台企业合作,降低渠道整合的成本;当地较好的流通设施和互联网信息应用基础,也有助于实体零售商进行全渠道零售业务的开展,提高全渠道零售的市场有效性。反之,企业在市场化进程较低的区域,资源的配置和获取成本较高,缺少较为公平的竞争环境,加大了企业转型和创新的风险,从而降低实体零售商跨渠道整合对绩效的积极作用。因此本研究提出假设 4。

H4:外部环境的市场化水平会强化跨渠道整合对实体零售商经济绩效的正向影响。具体而言,实体零售商所在经营地区的市场化水平越高,跨渠道整合对经济绩效的积极作用越强。

6.3.5 市场异质性的调节

开放系统理论表明,系统必须与其外部环境交换物质,市场是企业组织进行交换的主要对象。因此,在外部环境中,除了宏观的经济和制度环境之外,也应该考虑与顾客相关的市场环境特征。异质性是如今市场环境最重要的特征,可能会影响实体零售商跨渠道整合与经济绩效的作用关系。

市场异质性是指企业的目标顾客具有多样化需求的程度(Jindal et al.,2007),包括产品类型和特性、价格和质量偏好以及服务和渠道偏好等相关的需求。研究表明,随着信息技术和电子商务的发展,消费者对购买渠道的选择出现多样化(Kumar et al.,2005),通常在不同购物阶段选择不同的渠道类型,也可能同一购物阶段同时利用或转换多种渠道(Verhoef et al.,2007)。例如,通过网上收集信息,然后在实体商店购买;或者在实体商店收集信息,在网上购买。

零售商面临的市场异质性特征越明显,多渠道利用和整合的优势越突出。因为只有在顾客的渠道需求具有高度差异化的情况下,实体零售商整合多种渠道才能吸引更多的顾客光顾,从而提高销售数量。开放系统理论认为,组织系统内部开发的能力越倾向于能够满足外部利益相关者的需求,则越容易与外界环境产生交换，达到发展自己的目的。在市场异质性程度高的外部商业环境中，实体零售商进行跨渠道整合能够扩大零售渠道的范围以及提高跨渠道顾客体验的一致性，因此能够满足大多数顾客的需求，获得更多的市场机会。

相反，在市场异质性低的市场环境中，顾客在产品类型、渠道选择等方面的差异性不大，多渠道购物的顾客比例较小，一种渠道类型就有可能满足大多数相似的顾客需求。市场的异质性越低，单一渠道能够满足的需求相似的顾客群体就越大，跨渠道整合的运作反而会增加渠道的重叠，提高渠道冲突的可能性。因此，在市场异质性较低的情况下，跨渠道整合的程度可能对渠道的协同效应产生较大的负面影响，造成资源配置的效率损失甚至无效。换言之，市场的异质性特征越不明显，传统实体零售商进行跨渠道零售转型并进行整合的积极作用就会越弱。另外，已经有相关研究证实，在消费者的电商购物经验，或者跨渠道购买意愿较低的情况下，渠道整合对企业绩效的影响会明显减弱（Melis et al.，2015），反而渠道区隔策略的效果会更加有效（Fürst et al.，2017）。综上所述，本研究提出假设 5。

H5：外部环境的市场异质性会强化跨渠道整合对实体零售商经济绩效的正向影响。具体而言，实体零售商经营地区的市场异质性特征越明显，跨渠道整合对经济绩效的积极作用越强。

6.4 研究设计

6.4.1 样本选择与数据来源

本研究以 2010—2017 年我国上海证券交易所和深圳证券交易所 A 股上市的零售企业（根据证监会 2012 版行业分类标准，行业代码为 F52）为样本来源。

对于样本企业的选取，本研究遵循以下原则：

（1）以实体零售为主要零售形式，统计期间实体零售收入占总营业收入的 50%以上；

（2）在统计期间，行业分类没有发生变化（期间因证监会行业分类标准调整而发生变化的除外）；

（3）统计期间至少保证有一个年度进行了多渠道经营。

另外，我们还剔除了 ST 类企业以及近 5 年新上市零售企业，所以最终选取样本企业 61 家。其中涵盖百货商店，综合货品商店，大卖场与超市，电脑及电子产品零售，汽车零售，药品零售，家庭装饰零售，服装、服饰与奢侈品零售，经销商等零售类型。样本的描述性统计如表 6-1 所示。

表 6-1　样本描述性统计

零售类型	数量	比例/%
百货商店	37	60.7
大卖场与超市	8	13.1
汽车零售	4	6.6
药品零售	4	6.6
电脑及电子产品零售	3	4.9
综合货品商店	2	3.3
家庭装饰零售	1	1.6
服装、服饰与奢侈品零售	1	1.6
经销商	1	1.6
合计	61	100

本研究所选变量的数据来源主要是“巨潮资讯网”(http://www.cninfo.com.cn)、CSMAR 系列研究数据库、万得(WIND)数据库和 CEIC 宏观经济数据库。企业年度报告资料来自“巨潮资讯网”，企业相关财务统计指标主要来自 CSMAR 系列研究数据库，并利用万得(WIND)数据库相互验证，宏观经济指标依据 CEIC 宏观经济数据库。

6.4.2　变量选择与测量

(1) 跨渠道整合程度

对于跨渠道整合程度的测量，现有研究多以顾客或者企业的感知程度进行定义和测量(Oh et al.，2012；吴锦峰等，2016)。近年来，国内外零售研究学者大都认为传统零售企业的零售模式创新是通过跨渠道整合，由单渠道、多渠道向全渠道转型的多阶段演化过程(李飞，2013；Beck et al.，2015)。Cao(2014)认为，零售企业的渠道整合过程具有“演化”特征，对整合程度的评测应该遵循多渠道“采纳阶段”模型。本研究也采用跨渠道零售的“阶段演化”观点，借鉴“采纳阶段”模型来测量我国实体零售商的跨渠道整合程度。

基于中国情境，前面对实体零售商跨渠道整合过程的质性研究结果揭示，实体零售商跨渠道整合的进程可以划为六个阶段：建立互联网沟通渠道、建立互联网销售渠道、跨渠道信息一致、跨渠道功能一致、跨渠道策略一致和跨渠道全面一致。不同阶段的进程代表着实体零售商进行全渠道零售的不同“采纳阶段”，也说明着跨渠道整合的不同程度。因此，本研究将跨渠道整合从低到高的不同阶段分别赋值 1 至 6，即表示跨渠道整合程度的不同水平。如果没有达到任何一个阶段，则赋值为0。这样，实体零售商跨渠道整合程度就形成了从0到6共七个等级水平。

在赋值过程中，本研究还借鉴Luo等(2016)的方法，如果该企业的跨渠道整合一旦达到某个程度，则该程度等级就将一致延续下去，直到达到更高程度，详见表6-2。

表6-2 整合程度测量

整合阶段	整合程度	内容
拥有互联网沟通渠道	1	利用互联网进行沟通互动
		利用互联网等媒体进行营销推广
		利用互联网提供产品和服务信息
		利用互联网进行在线客服
拥有互联网销售渠道	2	建立电商网站
		进驻第三方网络零售平台
		建立移动电商平台
跨渠道信息一致	3	线上线下信息入口互通
		跨渠道会员数据整合
		跨渠道销售数据整合
		跨渠道产品和服务信息透明
跨渠道功能一致	4	线上下单，商店提货
		线上下单，商店配送
		商店体验，线上下单
		商店消费，线上评价
		线上预约，线下消费
		线上线下相互引流
跨渠道策略一致	5	跨渠道价格一致
		跨渠道联合促销
		跨渠道服务政策一致
		跨渠道商品库存共享
跨渠道全面一致	6	利用数据分析支持经营决策
		实现对顾客全购物过程的追踪和分析
		实现跨渠道薪酬激励体系统一
		实现全渠道前后台系统一体化
		实现跨渠道商品品类统一
		实现跨渠道组织资源统一

(2) 经济绩效

不同于已有研究分析跨渠道整合对企业销售增长、经营效率等市场和运营绩效方面的影响，本研究主要关注实体零售商的经济绩效，其中盈利性是企业经济绩效的最主要体现。现有研究常用的盈利性指标主要有资产报酬率、总资产净利润率、净资产收益率、营业毛利率、营业净利率等。

本研究的研究对象是实体零售商，属于服务行业，它不同于有大量固定资产投资和有形资料投入的工业企业，其主要的价值创造来自企业品牌、渠道网络以及服务流程。另外，跨渠道整合是零售渠道的整合，是主营零售业务的战略调整行为，其主要的效果是体现在零售业务的盈利能力上。因此，借鉴陈艳莹等(2013)的做法，考虑到服务行业的特殊性以及中国实体零售商多元化经营比较普遍的现实，本研究选取营业毛利率[(营业收入－营业成本)/营业收入]作为经济绩效的替代变量。

(3) 实体零售经验

实体零售经验是零售商长期从事实体零售实践所积累的知识和技能。一般而言，从事某一实践领域的时间越长，经验越丰富。学者认为企业经营过程中的各方面经验与企业年龄密切相关，如研发、运营经验、市场知识、流程管理等(张杰等，2012；Anderson et al.，2013)。由此，实体零售经验与实体零售商从事零售行业的时间之间也应该存在直接正相关关系。所以本研究的实体零售经验变量由企业年龄来指代，即从企业成立时间到统计年度的时间年限。

(4) 企业人力资本

企业人力资本是体现在员工身上的知识水平、技术技能以及体力(包括健康状况)的综合表现。现有研究对企业人力资本的测量有多种方法，最常用的方法有学历指数法、工资报酬法、技术或职称等级法等。受教育年限能够反映员工的认知能力以及信息处理技能，代表企业人力资本的质量水平；工资报酬能够反映企业在人力资本方面的投入以及重视程度，能够代表企业人力资本的数量水平。基于实体零售商属于劳动相对密集型的服务行业情境，借鉴许秀梅(2017)的方法，本研究利用员工的平均受教育年限与应付员工薪酬率的乘积，表示企业人力资本的整体状况。员工的平均受教育年限用“员工的总受教育年限”(大专学历×3＋本科学历×4＋硕士学历×7＋博士学历×10)与“员工总人数”的比值表示；应付员工薪酬率用“应付员工薪酬”与“营业收入”的比值表示。

(5) 市场化水平

近年来，现有研究对地区市场化水平(或者市场化进程)的衡量多以王小鲁和樊纲等公布的“中国分省份市场化指数”(以下统一简称“市场化指数”)表示。市场化指数能够综合反映当地政府与市场的关系、产品市场和要素市场的发展程度、市场结构和制度环境等各方面的市场化水平(王小鲁等,2017),也得到理论界的认可。所以,借鉴已有研究的测量方法(杨兴全等,2014;纪玉俊等,2016),本研究以实体零售商注册地的市场化指数表示经营地区的市场化水平。由于市场化指数只更新至2014年,2015年至2017年的数据,作者根据往年数据利用线性回归方法得出。

(6) 市场异质性

百度指数是全球最大的中文搜索引擎“百度”(www.baidu.com)基于网民在PC端和手机端的海量行为数据推出的免费数据分析服务。它可以帮助研究者或管理者分析互联网用户群体在过去一段时间对关键词的关注热度和变化趋势等情况。已经有学者利用百度指数进行旅游行为和创新管理等领域的研究(黄先开等,2013;周铭山等,2017)。因为百度指数可以直接和客观地反映人们的兴趣和关注度,也能间接反映出背后的行为习惯和需求,所以本研究对关键词“网购”,按地区计算统计期间每年度的平均百度指数,即百度网购指数。该指数越高,说明人们对网购的关注度和兴趣越大,利用互联网渠道进行购物的群体越大。这对于实体零售商而言,市场的异质性程度也就越高。

(7) 控制变量

为了排除其他因素对研究的影响,本研究考虑了相关文献利用的以及可能对结果产生干扰的控制变量,包括企业规模(S)、企业所有权性质(O)、财务杠杆(L)、营销努力(R)以及经营地区的市场规模增长(V)。

企业规模的大小代表着企业可利用资源的多少,也一定程度上反映企业的经营实力。有研究证实大型零售企业可以通过规模经济效应对经营绩效产生影响(杨兴夏,2017)。因此本研究将其作为控制变量,以公司总资产的自然对数表示。

企业所有权性质指的是企业实际控制人的所有制性质。不同所有权性质的企业在企业治理结构、社会资本等方面有所不同,对经营效率等绩效方面的影响也不同。因此本研究将实体零售商所有权性质在回归模型中作为哑变量,0代表民营企业,1代表国有或集体企业。

财务杠杆对企业投资、经营效率都具有正向或负向的影响,在企业盈利的时候既会增加额外收益,也可能增加企业经营风险(Gielens et al.,2008),从而会影响到企业的盈利性绩效。财务杠杆采用资产负债率指标,即企业总负债与总资产的比值。

零售商的营销努力能够刺激顾客的跨渠道购买行为,提高满意程度(Kumar et al.,2008;马宝龙等,2009),从而促进销售绩效(Chang et al.,2018)。营销努力是企业在营销活动方面的积极性表现,其程度与企业在销售方面的投入正向相关,因此本研究以销售费用率表示,即销售费用与营业收入的比值。

实体零售商的盈利性还受到当地市场规模增长等外部因素的影响。社会消费品零售总额是能够直接反映当地顾客消费水平和经济发展水平的重要外部环境指标(黄漫宇等,2017)。地区的社会消费品零售总额的增长率能够很好地反映当地零售行业的市场规模增长状况,是保证零售企业利润增长的行业发展趋势指标。因此,本研究将市场规模增长作为控制变量考虑,以企业当年营业收入占比最高的经营省份的社会消费品零售总额同比增速表示。变量名称及定义见表 6-3 所示。

表 6-3　变量名称及定义

变量名称	符　号	定　义
经济绩效	E	(营业收入－营业成本)/营业收入
跨渠道整合程度	C	跨渠道整合从低到高的不同阶段分别赋值 1 至 6,如果没有达到任何一个阶段,则赋值为 0
实体零售经验	P	从企业成立时间到统计年度的时间年限(企业年龄)的自然对数,即 ln(统计年度－成立时间＋1)
人力资本	H	员工的平均教育年限[(大专学历×3＋本科学历×4＋硕士学历×7＋博士学历×10)/员工总人数]×应付员工薪酬率(应付员工薪酬/营业收入)
市场化水平	M	公司注册地的市场化指数
市场异质性	K	公司最大营业收入来源地的“百度网购指数”的自然对数
企业规模	S	公司总资产的自然对数
企业所有权性质	O	0—民营企业;1—国有或集体企业
财务杠杆	L	总负债/总资产
营销努力	R	销售费用/营业收入
市场规模增长	V	公司当年营业收入占比最高的经营省份的社会消费品零售总额同比增速×100

6.4.3　研究方法与模型建立

本章研究的核心是实体零售商的跨渠道整合行为是否能够影响企业的经济绩效,并且是否呈现非线性关系,以及 4 个内外环境变量的调节作用是否有效。本研究以符合研究要求的 61 家中国 A 股上市零售企业近 8 年的年度报告、第三方研究报告、专业数据库分析和中国宏观经济数据为基础,构成一个非平衡面板数据,共 480 个观测值。在回归分析过程中,作者对模型中的连续变量进行了上下各 1%的 Winsorize 缩尾处理。

为了验证所提假设，依据 Pierce 等(2013)对管理领域研究中"过犹不及"效应的回归分析建议，本研究建立如下模型：

$$\begin{aligned} E_{it+1} = & \beta_0 + \beta_1 C_{it} + \beta_2 C_{it}^2 + \beta_3 P_{it} + \beta_4 C_{it} \times P_{it} + \beta_5 H_{it} + \\ & \beta_6 C_{it} \times H_{it} + \beta_7 M_{it} + \beta_8 C_{it} \times M_{it} + \beta_9 K_{it} + \\ & \beta_{10} C_{it} \times K_{it} + \sum_{j=11}^{16} \beta_j Z_{it} + Y + \xi \end{aligned} \tag{6-1}$$

为了降低内生性的影响，本研究将被解释变量滞后一期。式中，E_{it+1} 表示企业 i 在 $t+1$ 年度的经济绩效；C_{it}，P_{it}，H_{it}，M_{it}，K_{it} 分别表示企业 i 在 t 年度的跨渠道整合程度、实体零售经验、人力资本、市场化水平以及市场异质性；Z_{it} 表示企业 i 在 t 年度的企业规模、企业所有权性质、财务杠杆、营销努力、市场规模等控制变量；Y 表示"年度"控制变量。

6.5 数据分析与结果

6.5.1 描述性统计与相关性分析

表 6-4 列出了各变量的均值、标准差、最大值、最小值以及中位值的统计结果，从中可以看出，我国上市实体零售商的跨渠道整合程度均值为 2.510，整体偏低，但个体之间的差异较大，说明不同零售企业跨渠道整合的进程各不相同，也说明企业经营者对跨渠道整合的程度持不同态度。经济绩效的最小值与最大值的差异也较大，可见不同零售企业的盈利能力也存在明显差异。控制变量中，企业所有权性质的均值为 0.5，说明样本企业中，国有或集体企业与民营企业数量相当，其他变量的详细情况见表 6-4。

表 6-4 变量的描述性统计

变量	N	均值	标准差	最小值	中位值	最大值
E	480	0.208	0.082	0.008	0.203	0.613
C	480	2.510	1.699	0	2	6
P	480	2.940	0.317	1.946	2.996	3.526
H	480	0.072	0.080	0	0.043	0.423
M	480	7.499	1.810	2.490	7.300	10.47
K	480	5.089	0.350	3.611	5.088	6.301
S	480	22.380	0.995	20.250	22.330	25.780

表 6-4(续)

变量	N	均值	标准差	最小值	中位值	最大值
O	480	0.500	0.501	0	0.500	1
L	480	0.567	0.165	0.118	0.570	1.019
R	480	0.091	0.064	0.005	0.074	0.358
V	480	12.900	3.557	1.700	12.260	21.890

表 6-5 是对模型中各主要变量的相关性分析结果，各变量之间的相关系数绝对值的最大值为 0.374，初步表明多重共线性并不明显。本研究进一步进行多重共线性诊断，结果显示所有方差膨胀系数值均小于 2，远低于多数学者建议的 10 以内范围，说明变量之间不存在显著的多重共线性，同时也表明所选变量适合做回归分析。相关系数的显著性方面，跨渠道整合程度与经济绩效相关系数为 0.291，在 0.01 水平上显著，一定程度上验证本研究的思路可行性。其他变量之间的相关性分析详见表 6-5。

表 6-5 变量之间的 Pearson 相关系数

变量	E	C	P	H	M	K	S
E	1						
C	0.291 ***	1					
P	−0.152 ***	0.197 ***	1				
H	−0.085 *	−0.077 *	−0.051	1			
M	−0.079 *	0.241 ***	0.155 ***	−0.103 **	1		
K	0.047	0.045	−0.047	−0.047	0.322 ***	1	
S	−0.155 ***	0.163 ***	0.015	0.077 *	0.133 ***	−0.047	1
O	−0.128 ***	0.016	0.299 ***	0.054	0.207 ***	0.125 ***	−0.142 ***
L	−0.280 ***	−0.072	0.076 *	0.111 **	−0.113 **	−0.182 ***	0.374 ***
R	0.029	0.064	−0.157 ***	−0.014	0.097 **	0.087 *	0.021
V	−0.114 **	−0.338 ***	−0.266 ***	0.152 ***	−0.340 ***	−0.106 **	−0.068
变量	O	L	R	V			
O	1						
L	−0.099 **	1					
R	−0.110 **	−0.118 ***	1				
V	−0.065	0.210 ***	−0.006	1			

注：*** 表示 $p<0.01$，** 表示 $p<0.05$，* 表示 $p<0.1$，计算工具为 Stata14.0。

6.5.2 回归结果与假设检验

本研究利用 Stata14.0 软件对式(6-1)进行 GLS(广义最小二乘估计)逐步回归,并控制了时间效应的影响,分析结果如表 6-6 和表 6-7 所示。模型(1)是企业规模(S)、所有权性质(O)、财务杠杆(L)、营销努力(R)以及市场规模增长(V)等控制变量对企业经济绩效的影响结果。模型(2)报告了控制了企业规模、所有权性质等变量的影响之后,主变量跨渠道整合程度(包括一次项 C 和二次项 C^2)对企业经济绩效的影响结果,用以检验假设 1(H1)。模型(3)在模型(2)的基础上加入实体零售经验变量(P_t)以及与跨渠道整合程度的交互项($C_t \times P_t$),用以检验假设 2(H2)。模型(4)在模型(2)的基础上加入人力资本变量(H)以及与跨渠道整合程度的交互项($C_t \times H_t$),用以检验假设 3(H3)。模型(5)在模型(2)的基础上加入市场化水平变量(M)以及与跨渠道整合程度的交互项($C_t \times M_t$),用以检验假设 4(H4)。模型(6)在模型(2)的基础上加入市场异质性变量(K)以及与跨渠道整合程度的交互项($C_t \times K_t$),用以检验假设 5(H5)。模型(7)综合了模型(1)至模型(6),纳入了所有变量,是本章所设定的整体模型,进一步验证和确认所有假设的成立与否。具体的分析结果见表 6-6 和表 6-7。

表 6-6 跨渠道整合对经济绩效影响的回归结果 1

解释变量	被解释变量:E_{t+1}			
	(1)	(2)	(3)	(4)
C_t		0.008 0*** (0.003 0)	0.030 1*** (0.009 3)	0.006 0* (0.003 2)
C_t^2		−0.001 0** (0.000 5)	−0.000 8* (0.000 5)	−0.001 0** (0.000 5)
P_t			0.007 2 (0.015 2)	
$C_t \times P_t$			−0.007 8** (0.003 1)	
H_t				−0.050 6 (0.036 0)
$C_t \times H_t$				0.025 6** (0.010 6)
M_t				

表 6-6(续)

解释变量	被解释变量：E_{t+1}			
	(1)	(2)	(3)	(4)
$C_t \times M_t$				
K_t				
$C_t \times K_t$				
S_t	0.010 8** (0.004 8)	0.011 4** (0.004 8)	0.010 4** (0.004 8)	0.0126*** (0.004 8)
O_t	−0.030 9** (0.015 2)	−0.033 5** (0.015 1)	−0.034 1** (0.015 0)	−0.034 1** (0.015 1)
L_t	0.000 7 (0.017 7)	−0.002 0 (0.017 6)	0.000 1 (0.017 5)	−0.001 4 (0.017 5)
R_t	−0.016 8 (0.023 9)	−0.023 9 (0.024 0)	−0.020 4 (0.023 9)	−0.026 3 (0.023 9)
V_t	−0.000 8 (0.001 1)	−0.000 4 (0.001 1)	−0.000 2 (0.001 1)	−0.000 3 (0.001 1)
年度	控制	控制	控制	控制
常数	−0.007 4 (0.106 0)	−0.031 8 (0.106 0)	−0.034 5 (0.116 0)	−0.055 4 (0.106 0)
观测数量	419	419	419	419
拟合优度	0.096	0.116	0.135	0.133
显著性	***	***	***	***

注：*** 表示 $p<0.01$，** 表示 $p<0.05$，* 表示 $p<0.1$，计算工具为 Stata14.0。

表 6-7　跨渠道整合对经济绩效影响的回归结果 2

解释变量	被解释变量：E_{t+1}		
	(5)	(6)	(7)
C_t	0.011 2*** (0.003 2)	0.008 0*** (0.003 1)	0.028 9*** (0.009 6)
C_t^2	−0.001 5*** (0.000 5)	−0.001 0** (0.000 5)	−0.001 3** (0.000 5)
P_t			0.009 9 (0.015 0)

表 6-7(续)

解释变量	被解释变量：E_{t+1}		
	(5)	(6)	(7)
$C_t \times P_t$			−0.006 9** (0.003 1)
H_t			−0.047 5 (0.038 5)
$C_t \times H_t$			0.020 8* (0.010 6)
M_t	0.005 0 (0.003 5)		0.005 2 (0.003 6)
$C_t \times M_t$	0.001 9*** (0.000 6)		0.002 0*** (0.000 6)
K_t		0.001 8 (0.006 3)	0.003 4 (0.006 2)
$C_t \times K_t$		−0.000 1 (0.002 5)	−0.002 3 (0.002 6)
S_t	0.011 5** (0.004 7)	0.011 3** (0.004 9)	0.011 3** (0.004 8)
O_t	−0.031 4** (0.014 9)	−0.033 2** (0.015 2)	−0.032 0** (0.014 8)
L_t	0.000 2 (0.017 3)	−0.002 1 (0.017 7)	0.003 3 (0.017 3)
R_t	−0.011 7 (0.023 7)	−0.024 1 (0.024 1)	−0.008 2 (0.023 9)
V_t	−0.000 5 (0.001 1)	−0.000 4 (0.001 1)	−9.34e−05 (0.001 1)
年度	控制	控制	控制
常数	−0.075 7 (0.107 0)	−0.039 8 (0.110 0)	−0.122 0 (0.120 0)
观测数量	419	419	419
拟合优度	0.154	0.117	0.185
显著性	***	***	***

注：*** 表示 $p<0.01$，** 表示 $p<0.05$，* 表示 $p<0.1$，计算工具为 Stata14.0。

模型(2)的实证结果显示，跨渠道整合程度的一次项(C)和二次项(C^2)对经济绩效的回归系数均显著($\beta_1=0.008\ 0$，$p<0.01$；$\beta_2=-0.001\ 0$，$p<0.05$)，初步确认跨渠道整合与经济绩效之间的倒U形关系，但需要进一步的验证。

倒U形关系的成立要同时满足三个条件：第一，自变量的二次项系数符号为负，并且显著；第二，曲线的斜率在自变量的取值范围两端要陡峭，即自变量取最小值时斜率为正，取最大值时斜率为负；第三，曲线的拐点应该在自变量的取值范围内(Haans et al.，2016)。模型(2)中，$\beta_2=-0.001\ 0$，且$p<0.05$，满足条件一；根据β_1和β_2，可以得出曲线斜率方程为$S=0.008\ 0-0.002\ 0C$，跨渠道整合程度(C)的取值范围为0至6，计算得到两端的斜率为0.008 0和−0.004 0，符号相反，满足条件二；令斜率等于0时，得出曲线的拐点为$C=4.0$，位于C的取值范围内，满足条件三。因此，根据Haans等(2016)的认定标准，跨渠道整合程度与经济绩效之间的倒U形关系成立，假设1得到验证，如图6-2所示。

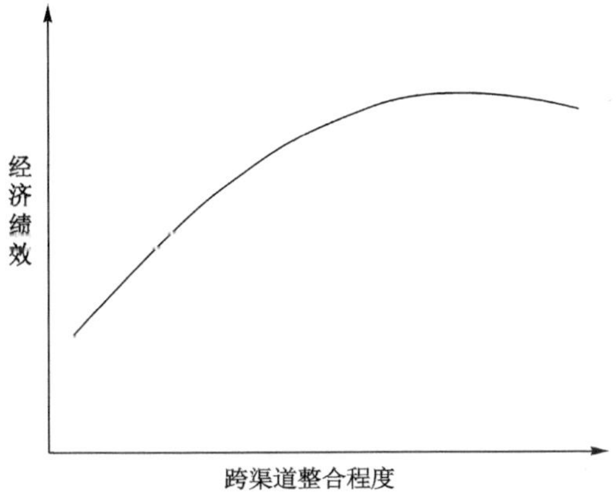

图6-2　跨渠道整合与经济绩效的倒U形关系示意图

假设2(H2)认为，实体零售经验会弱化跨渠道整合对实体零售商经济绩效间的正向作用。模型(3)的回归结果显示，在跨渠道整合程度的一次项(C)和二次项(C^2)的系数依然显著($\beta_1=0.030\ 1$，$p<0.01$；$\beta_2=-0.000\ 8$，$p<0.1$)的情况下，实体零售经验(P)与跨渠道整合程度(C)交互项的系数显著为负($\beta_4=-0.007\ 8$，$p<0.05$)，说明假设2(H2)得到验证。具体调节效果如图6-3所示。

假设3(H3)认为，企业内部的人力资本状况会强化跨渠道整合对实体零售经济绩效的正向作用。模型(4)的回归结果显示，在跨渠道整合程度的一次项(C)和二次项(C^2)的系数依然显著($\beta_1=0.006\ 0$，$p<0.1$；$\beta_2=-0.001\ 0$，$p<0.05$)的情况下，人力资本(H)与跨渠道整合程度(C)交互项的系数显著为正($\beta_6=0.025\ 6$，$p<0.05$)，说明假设3(H3)得到验证。具体调节效应如图6-4所示。

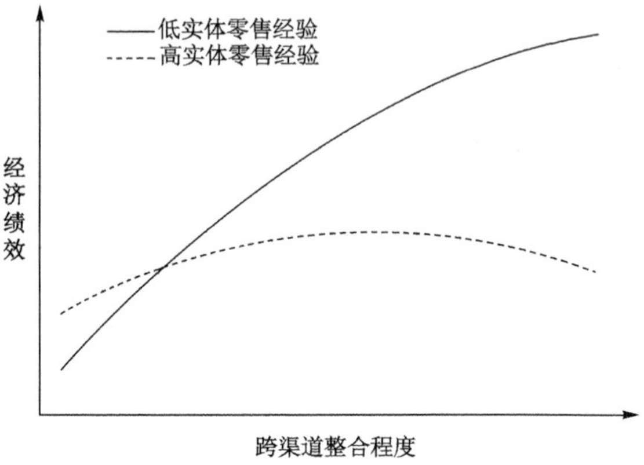

图 6-3 实体零售经验的调节效应示意图

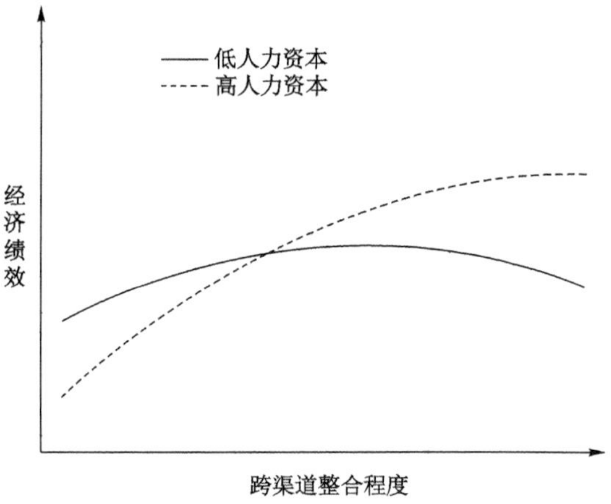

图 6-4 企业人力资本的调节效应示意图

假设 4(H4)提出，经营地区的市场化水平能够加强跨渠道整合对实体零售商经济绩效的正向作用。模型(5)的分析结果显示，在跨渠道整合程度的一次项(C)和二次项(C^2)的系数依然显著($\beta_1=0.011\ 2$，$p<0.01$；$\beta_2=-0.001\ 5$，$p<0.01$)的情况下，市场化水平(M)与跨渠道整合程度(C)交互项的系数显著为正($\beta_8=0.001\ 9$，$p<0.01$)，表明假设 4(H4)得到验证。具体调节效应如图 6-5 所示。

假设 5(H5)提出，经营地区的市场异质性能够加强跨渠道整合对实体零售商经济绩效的正向作用。模型(6)的分析结果显示，市场异质性(K)与跨渠道整合程度(C)交互项的系数并不显著($\beta_{10}=-0.000\ 1$，$p>0.1$)，所以假设 5(H5)

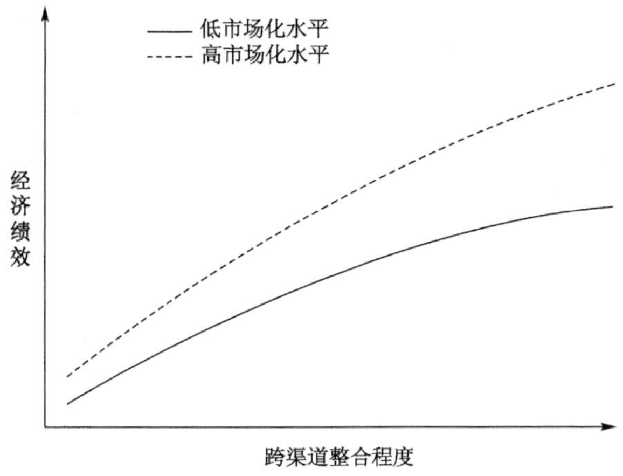

图 6-5 市场化水平的调节效应示意图

没有获得支持。

模型(7)是假设验证的整体模型,纳入实体零售经验(P)、人力资本(H)、市场化水平(M)、市场异质性(K)等全部调节变量,以及各自与跨渠道整合程度(C)的交互项。首先,跨渠道整合程度的一次项(C)和二次项(C^2)的系数方向不变,且依然显著($\beta_1=0.0289$,$p<0.01$;$\beta_2=-0.0013$,$p<0.05$),进一步确认了假设1(H1)成立。实体零售经验(P)与跨渠道整合程度(C)交互项的系数仍然显著为负($\beta_4=-0.0069$,$p<0.05$),人力资本(H)与跨渠道整合程度(C)交互项的系数显著为正($\beta_6=0.0208$,$p<0.1$),市场化水平(M)与跨渠道整合程度(C)交互项的系数显著为正($\beta_8=0.0020$,$p<0.01$),更加表明假设2(H2)、假设3(H3)以及假设4(H4)获得了实证支持。

但是,假设5(H5)最终没能通过验证,说明当地市场需求和渠道选择的差异性并不是影响跨渠道整合与经济绩效之间关系的主要因素。这与现有理论和研究结论相悖,其中的原因可能与零售行业和零售市场的发展阶段有关。近年来,多渠道零售已经成为零售企业较为普遍的零售方式。从描述性统计的结果来看,跨渠道整合程度中位值为2,均值为2.510,说明大多数实体零售商已经拥有网络零售渠道,能够基本满足顾客的多渠道购物需求。所以,经营地区的市场异质性已经不是影响实体零售商跨渠道整合效果的重要因素。

6.5.3 内生性问题

跨渠道整合程度与企业经济绩效可能存在反向因果的内生性问题,因为盈利性等经济绩效好的企业更有能力进行信息技术等方面的投资和资源整合,所以更可能趋向于提高跨渠道整合的程度。

首先，本研究在建立回归模型过程中，将被解释变量滞后一期处理，一定程度上降低了内生性的影响。另外，本研究借鉴孟庆斌等(2017)的做法，采用每年度同一地区其他企业的跨渠道整合程度的均值，作为本企业跨渠道整合程度(C)的工具变量。因为同地区的企业面临着类似的市场环境和行业环境，所以他们之间的跨渠道整合程度应该具有较高的相关性。而且，目前尚没有实证证据表明，同一地区其他零售商的跨渠道整合程度会直接影响本零售商的经济绩效，因此满足外生性原则。本研究参照我国经济区域的划分方法，将零售商的所在地区分为东部、中部、西部和东北四大区域。Hausman 检验结果显示，$\chi^2(1)=0.05$，$p=0.8206$，说明跨渠道整合程度的内生性特征并不显著，属于外生变量。

6.5.4 稳健性检验

为了保证实证分析结果的稳健性，本研究利用资产报酬率[(利润总额＋财务费用)/平均资产总额]来作为被解释变量的替代变量，重新验证回归结果。资产报酬率也是现有研究中比较常见的经济绩效指标，虽然在本研究的研究情境中没有营业利润率与跨渠道整合的关系更加直接，但是它能表示更加综合的经济绩效水平，具体回归结果如表 6-8 所示。新的检验结果显示，一些变量的显著性水平发生变化，例如，跨渠道整合程度的二次项并没有在 0.1 的水平上显著，但是回归系数仍然为负，实证结果并没有发生质的变化，因此可以说明研究结论的稳健性。

表 6-8　稳健性检验回归结果

解释变量	被解释变量：Ra_{t+1}		
	(1)	(2)	(3)
C_t		0.002 9*	0.002 2*
C_t^2		−0.000 6	−0.000 7
P_t			0.012 3
$C_t \times P_t$			−0.002 9*
H_t			−0.006 1
$C_t \times H_t$			0.010 9
M_t			0.000 6
$C_t \times M_t$			0.001 6**

表 6-8(续)

解释变量	被解释变量:Ra_{t+1}		
	(1)	(2)	(3)
K_t			−0.005 4
$C_t \times K_t$			0.000 8
S_t	0.004 7	0.001 2	0.001 8
O_t	−0.020 0	−0.019 5	−0.017 6
L_t	−0.033 0**	−0.031 6*	−0.036 0**
R_t	−0.020 6	−0.017 6	−0.017 1
V_t	0.000 4	0.000 3	0.000 9
年度	控制	控制	控制
常数	0.083 0	0.063 2	0.111 0
观测数量	419	419	419
显著性	***	***	***

注:Ra_{t+1}表示 $t+1$ 期的资产报酬率,*** 表示 $p<0.01$,** 表示 $p<0.05$,* 表示 $p<0.1$,计算工具为 Stata14.0。

6.6 本章总结

在已有研究成果和前面分析的基础上,本章选择企业视角,对跨渠道整合与实体零售商经济绩效之间的倒 U 形关系进行理论推理,并分析实体零售经验、人力资本状况、市场化水平以及市场异质性等内外环境变量对两者关系的影响。以我国 61 家 A 股上市的实体零售商为样本,对所提理论假设进行推演和验证,主要研究发现和结论如下:

(1) 跨渠道整合与实体零售商经济绩效之间存在倒 U 形非线性关系。即跨渠道整合程度的增加,能够提升实体零售商的盈利能力,但增加到一定程度后,盈利能力会随之降低。本章验证了在实体零售情境下,跨渠道整合程度对经济绩效的正向影响会出现拐点,两者之间存在“过犹不及”效应。

(2) 实体零售经验弱化了跨渠道整合对实体零售商经济绩效的正向影响。即实体零售商从事实体零售时间越长,跨渠道整合对经济绩效的正向影响越弱。实体零售商原有的零售经验很容易成为组织惯性和核心能力刚性的来源,提高跨渠道整合的成本,破坏嵌入到现有流程的隐性知识,最终会对整合的效果产生负面影响。

(3) 实体零售商的人力资本强化了跨渠道整合对经济绩效的正向影响。即实体零售商内部的人力资本状况越好,跨渠道整合对经济绩效的正向影响越强。良好的人力资本能够支持以信息技术为基础的渠道整合活动,提高整合效率,促进对整体经济绩效的正向影响。

(4) 外部环境的市场化水平会强化跨渠道整合对实体零售商经济绩效的正向影响。即实体零售商所在经营地区的市场化水平越高,跨渠道整合对经济绩效的积极作用越强。在市场机制占主导的竞争环境中,企业的战略转型和创新行为更能够获得市场的认可,有助于实体零售商高效地利用新技术来整合新资源,降低整合成本,提高经济绩效。

(5) 外部市场环境的异质性并不能调节跨渠道整合对实体零售商经济绩效的正向影响。说明市场需求和渠道选择的差异性并不是影响跨渠道整合与经济绩效之间关系的主要因素。从零售行业和零售市场的发展阶段来看,大多数实体零售商已经拥有网络零售渠道,能够基本满足顾客的多渠道购物需求,市场的异质性已经不是影响实体零售商跨渠道整合效果的重要因素。

7 顾客视角下跨渠道整合对关系绩效的影响研究

在顾客视角下，全渠道零售注重顾客与渠道、品牌之间的交互过程。跨渠道整合即是组合不同渠道类型，将零售商的内部运营投入和策略转化为顾客价值增值，并确保顾客交互积极性和感知服务一致性的过程。本章基于全渠道零售情境和服务主导逻辑，利用对顾客的调研数据，实证分析跨渠道整合对关系绩效(顾客的零售商忠诚)的影响。本部分内容是回答和验证跨渠道整合对实体零售商非经济绩效的实际影响以及有效性问题。

7.1 研究概述

基于顾客视角，全渠道零售被认为是，无论顾客在购买过程中处于何种渠道或阶段，通过跨渠道整合创造高度一致的品牌体验的过程(Cummins et al.，2016)。虽然全渠道零售为零售商提供了大量的销售和盈利机会，但跨渠道吸引顾客和维持顾客关系一直被认为是一个重要挑战(Lee et al.，2019)。美国Zendesk公司在2014年所做的一项关于全渠道顾客服务的调研指出，只有7%的受访者对零售商提供的跨渠道服务体验满意。因为随着技术的发展，消费者的消费需求和习惯发生了改变，一次购物过程更可能同时利用多种渠道和媒介进行信息获取、下单和评价，这对企业的渠道策略提出了更高的要求。

近年来，实体零售商们逐渐意识到跨渠道整合对吸引顾客和维持顾客关系的重要性。例如，我国著名实体零售商步步高集团在2013年就开始布局互联网渠道，并进行线上与线下渠道的融合，利用自身实体经营的品牌优势，实现线上与线下营销推广的协同；还通过微信、微博等社交媒体平台将顾客引流到线下消费，达到吸引新顾客和维持老顾客关系的目的。但学术界对于全渠道零售情境下，顾客关系管理的研究成果仍然很少。以往基于顾客视角的多渠道零售研究，更多关注新渠道的增加对顾客行为的影响，如顾客的光顾和购买意愿(Emrich et al.，2015)、顾客感知价值和满意等(Frasquet et al.，2017)。只有少数研究探讨了多渠道情境下，功能或价格的整合对顾客忠诚或品牌资产等方面的影响(齐永智，2017；汪旭晖等，2017)。

全渠道零售强调渠道范围的扩大,重视顾客与渠道、品牌之间的交互过程(Verhoef et al.,2015)。基于顾客视角,顾客关系管理(customer relationship management,CRM)更强调基于交互过程的长期关系的维系,而不是短期"交易"关系。这需要零售商将多种渠道和媒介结合起来,以便向顾客传递有针对性的信息,并以顾客为核心进行跨渠道的交互整合;还涉及渠道参与者和渠道类型选择的最优组合决策,通过渠道组合与目标顾客群进行沟通互动,确保顾客互动的积极性(Payne et al.,2004)。因此,跨渠道整合在顾客关系管理中发挥着关键作用,它将企业内部的运营投入和策略通过不同交互渠道转化为顾客的增值输出。

现有关于交互活动或交互策略的研究多基于单渠道情境,讨论交互过程对顾客体验、价值以及企业绩效的影响(Gustafsson et al.,2012;卜庆娟等,2017;董滨等,2018)。在全渠道零售情境下,实体零售商与顾客之间的交互渠道越来越多,渠道之间的整合程度也越来越高,这是否更加有利于顾客忠诚,促进关系绩效的提高?跨渠道交互能否,以及如何提高顾客对零售商的忠诚程度,进而促进企业的关系绩效?现有研究还没能给予足够关注。

综上,本章将基于顾客视角和服务主导逻辑,在全渠道零售情境下,实证分析跨渠道整合在促进顾客忠诚、提高实体零售商关系绩效过程中所扮演的角色和发挥的作用。

7.2 理论分析与研究框架

7.2.1 理论分析

服务主导逻辑(service-dominant logic)是服务经济研究领域的主导理论,主张价值是由企业和顾客共同创造,顾客始终是价值的共同创造者(Vargo et al.,2004)。企业不能传递价值,只能提供价值主张,企业与顾客间的交互是价值共创(value co-creation)的基础和平台(Prahalad et al.,2004)。已有学者基于单一渠道,尤其互联网渠道,探讨了交互活动影响顾客关系的机理(Nambisan et al.,2009;袁婷等,2015)。在全渠道零售发展趋势下,顾客可以利用越来越多的渠道来实现与零售商的交互过程。实体零售商与顾客之间的交互渠道已经形成了基于网络场景的线上渠道(online channels)和基于物理场景的线下渠道(offline channels),包括实体商店、网站、社交媒体、移动设备、上门服务等(Rigby,2011)。交互渠道的多样性为企业和顾客提供了更多价值共创的机会。

顾客对企业真正的忠诚关系是价值创造基础上的长期稳定关系,渠道多样性通常意味着更好的服务，更有利于“顾企”之间的价值共创，往往会产生更好的顾客经验和更大的顾客忠诚度（Neslin et al.，2006）。但也有研究证实，因为渠道之间缺乏整合，跨渠道交互也可能降低顾客的整体满意度，从而破坏顾客对零售商品牌的整体体验（Zomerdijk et al.，2010；Van Birgelen et al.，2006）。所以，在多渠道情境下，跨渠道整合对顾客忠诚的形成就显得尤为重要，它能确保不同渠道在交互过程中的服务一致性，创造渠道间的协同效应（Payne et al.，2004）。

多渠道零售情境下，顾客的渠道体验不代表品牌体验，对渠道的忠诚也不等于零售商忠诚。全渠道零售强调渠道范围的扩大，重视顾客与渠道、品牌之间的交互过程（Verhoef et al.，2015）。相对多渠道零售，全渠道零售更加重视零售商的整体绩效，强调顾客、渠道、零售商品牌之间的沟通和互动，通过多种渠道媒介的“桥梁”作用提高顾客对零售商的满意、认同和忠诚，而不仅仅是对某一渠道的满意（Verheof et al.，2015；Barwitz et al.，2018）。换言之，零售商利用线上线下多种渠道与顾客进行交互的目标不是某一渠道体验的提升，而是顾客对零售商品牌的体验和涉入。因此，在全渠道零售情境下，顾客对零售商品牌的涉入水平可能会成为揭开跨渠道交互与零售商忠诚之间“黑箱”的有利钥匙。

7.2.2 研究框架

顾客视角下，实体零售商利用线上和线下渠道与顾客之间的交互过程，表现为顾客感知的渠道交互性（包括感知线上渠道交互性和感知线下渠道交互性）。顾客感知的渠道交互性是实体零售商的主动交互诉求，也是对顾客的外部刺激。通过与渠道的交互过程，顾客对企业品牌的整体认知和情感得到提升，同时提高了与零售商品牌的“攸关程度”，即品牌涉入。当顾客觉得该零售商对自己的重要性提高，才会做出重购、推荐等顾客忠诚行为。借鉴刺激（stimulus）-有机体（organism）-反应（response）模型（S-O-R），实体零售商通过线上和线下渠道与顾客的交互过程作为刺激源，导致顾客对整体零售商品牌的积极心理状态（零售商品牌涉入），进而产生顾客忠诚的态度和行为反应。

全渠道零售情境下，线上与线下渠道之间的整合程度是实现由渠道交互体验到整体零售商品牌体验的关键保证（Sousa et al.，2006；Neslin et al.，2009；Hammerschmidt et al.，2016）。因此，跨渠道整合应该会成为确保渠道间创造协同效应的重要边界条件。研究概念模型如图 7-1 所示。

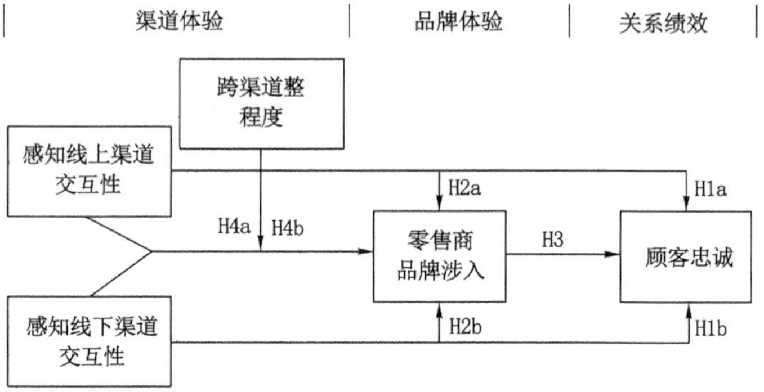

图 7-1 跨渠道整合对关系绩效影响的研究概念模型

7.3 假设提出

7.3.1 感知渠道交互性与顾客忠诚

(1) 感知渠道交互性

交互性是一个或多个个体能够对特定资源进行作用和响应的程度(Florenthal et al.,2010)。这里的"特定资源"指的是交互对象和交互内容,也就是说,在交互过程中,顾客能够影响交互对象及交互内容,或者被交互对象及交互内容影响。在信息时代背景下,随着互联网技术的发展,网站、社交媒体、手机应用等网络媒介大大提高了企业与顾客的交互效率和交互水平。学者们对渠道交互性的研究也越来越带有互联网特征,关注的重点多集中在网站、互联网广告、社交媒体交互性的前因及后果(Johnson et al.,2006;Song et al.,2008;Zhao et al.,2012)。但是,互联网并不是交互性的唯一特征(Florenthal et al.,2010)。比如,实体场景中面对面的沟通也具有交互性,而且比电子媒介更加直接和频繁(Wang et al.,2007)。因此,交互性既是顾客对线上渠道的感知,也能作为对线下渠道的感知。关于渠道交互性的内涵,Song 等(2008)根据"效能"视角以及传统的沟通理论,认为感知交互性包括三个维度:① 控制性(control),即顾客在交互过程中感知自己能够影响交互对象或内容的程度;② 响应性(responsiveness),即顾客在交互过程中感知交互对象或内容对自己的响应程度;③ 沟通性(communication),即顾客在交互过程中感知沟通的双向性。

顾客既可以受基于信息技术的企业互联网站、社交媒体、手机 APP 等线上渠道的引导和刺激,参与线上交互;同样也受基于物理场景的人员、设施、商品、布局设计等线下渠道的引导和刺激，参与线下交互。因此，全渠道零售视角下，顾客感知的渠道交互性可以分为线上渠道交互性和线下渠道交互性。从顾客感知角度，线上交互和线下交互的本质属性是相同的（Florenthal et al.，2010），只是交互渠道不同。所以，本研究借鉴 Song 等（2008）的研究成果，认为线上渠道交互性是顾客在购物过程中，感知到的零售商线上渠道的控制性、响应性及沟通性的程度；线下渠道交互性是顾客在购物过程中，感知到的零售商线下渠道的控制性、响应性及沟通性的程度。

（2）多渠道情境下的顾客忠诚

Vargo 和 Lusch 分别在 2004 年和 2008 年提出的服务主导逻辑的基础假设是价值共创研究的重要理论基础。Prahalad 等（2004）认为价值共创是企业与顾客之间通过多种形式和内容的交互，来共同创造价值的思想。企业应该做好价值共创的发起者和辅助者的角色（Grönroos et al.，2013），为顾客提供交互的机会，并引导顾客参与互动。因此，价值共创是创造顾客价值、实现顾客忠诚的基础和前提（Auh et al.，2007），基于价值共创的顾客忠诚研究也已引起部分学者的关注（Cossío-Silva et al.，2016；简兆权等，2018）。

随着零售渠道的日趋多样化，顾客的转换成本逐渐降低，忠诚度成为零售商营销战略和努力的最关键目标（Wallace et al.，2004）。忠诚的顾客对产品和商家会表现出态度上的偏好和重复的购买行为。态度因素能够区分真正的忠诚和因为转换成本高或缺乏其他选择而不得已的“虚假”忠诚。行为因素体现了顾客在综合比较之后做出的购买偏好，即重复购买行为，对企业的价值贡献更加直接。所以顾客忠诚包括态度和行为两个方面的因素，得到理论界的一致认可（Oliver，1999）。

多渠道零售情境中，同一零售商同时利用和协调线上、线下多种渠道，顾客也会形成对特定渠道或商品品牌的满意和偏好，同时也容易在各渠道之间进行转换和迁移。全渠道零售研究认为，协调和管理多渠道的目标不仅仅是顾客对某特定渠道或商店的满意和偏好，而是对零售商的忠诚（Verhoef et al.，2015）。因此，本研究将多渠道情境下的顾客忠诚定义为，顾客对零售商的态度和行为偏爱。具体而言，顾客面临多种渠道的选择和体验，不管访问哪个渠道，或购买哪个商品品牌，在态度和行为上都偏爱特定的同一零售商。

（3）感知渠道交互性对顾客忠诚的影响

在服务接触过程中良好的渠道交互性能够促进双方在思想、价值观以及情感上的相互理解，发展双方的信任关系（Liu et al.，2002）和共同知识（Neghina et al.，2015），从而促进顾客的态度和行为忠诚。良好的渠道交互性还能快速响应顾客的信息需求，提供顾客个性化的服务，提高顾客满意度。

Oliver(1999)指出,顾客对企业或服务的满意和信任是顾客忠诚形成的前提,因为满意和信任才形成对企业或产品品牌的依赖心理状态,进而形成持续的购买行为。

良好的渠道交互性还能对顾客尽可能地授权,增强顾客的自我效能感和参与服务过程的意愿(韩小芸等,2012)。另外,有学者研究证实,满意的顾客更愿意参与价值共创(范钧,2011),如推荐、宣传、建议等行为,更容易形成对零售商的情感依赖和行为偏好。例如,实体零售商线下场景的良好交互性布局,细心周到的服务人员可以积极影响顾客的自我效能感和参与服务的意愿;除了实体商店之外,还可以利用社交媒体良好的交互性,方便地与顾客沟通交流,促进情感和信任关系,形成态度上的偏爱和持续购买。

在基于互联网技术的线上渠道环境中,感知的渠道交互性可以通过信息模式和媒介模式来影响顾客的价值共创(Florenthal et al.,2010)。前者侧重于利用定制化的信息内容和多样化的信息呈现方式来满足顾客主动性的参与需求。定制化的信息内容可以增加顾客对零售商的知识,减少交易的不确定性。多样化的信息呈现方式会让顾客感受到服务的便利性,从而增加感知价值。媒介模式强调渠道的可访问性和导航能力,通过这种模式,顾客可以快速、轻松地访问和找到任何信息和产品的来源。这有利于消费者的主动参与,形成主人翁意识,通过价值共创提高顾客的感知价值,进而形成顾客忠诚。

在基于实体场景的线下渠道环境中,感知的渠道交互性可以通过人员模式或者产品模式影响顾客的价值共创(Florenthal et al.,2010)。根据社会交换理论,在实体场景中与销售人员良好的沟通互动,顾客的积极情绪和社会存在感可以得到提升,使他们更愿意与零售商合作,配合其改进服务质量。良好交互性的实体布局,还可以让顾客通过直接体验产品,通过产品的互动增强自我效能感,促进其参与零售商服务改进的意愿(See-To et al.,2014),使顾客更愿意维系与零售商的长期关系,形成真正的态度和行为忠诚。

因此,本章提出假设1。

H1:良好的渠道交互性可以提高顾客对零售商的忠诚程度。

H1a:感知线上渠道交互性越强,顾客对零售商的忠诚度越高。

H1b:感知线下渠道交互性越强,顾客对零售商的忠诚度越高。

7.3.2 感知渠道交互性与零售商品牌涉入

(1) 零售商品牌涉入

“涉入”(involvement)的概念最早始于Sheri和Cantri在1947年关于社会事件中个人态度问题的研究。在现代营销学研究中,“涉入”概念得到广泛应用。

在营销领域研究中，Zaichkowsky(1985)对顾客涉入的概念界定得到广泛认可。他认为“涉入”是指个人基于自己的内在需要、价值以及兴趣，而感知到目标与自己的攸关性。涉入程度反映了经个人加工后的信息与其心理感受的吻合性，会影响顾客对特定商品的兴趣、偏爱及参与程度(孙乃娟等，2011)。消费者对一个零售商品牌的涉入与对产品的涉入有所区别，对零售商品牌涉入的持久性要比后者高(Mittal et al.，1988)。因此，本研究认为零售商品牌涉入是指消费者基于自己的内在需要、价值和兴趣，在认知和情感上感知到的零售商与自己持久的攸关性。

(2) 感知渠道交互性对零售商品牌涉入的影响

个人、刺激、环境是顾客涉入的三个基本驱动因素(Zaichkowsky，1985)。顾客的内在需要、价值以及兴趣是顾客涉入的重要个人因素。交互性是顾客感知交互渠道的控制性、响应性及沟通性的程度。主动控制性能让顾客对他们的信息需求有适当的选择性，最大限度地匹配零售商所提供信息与自身的需求信息，使双方交互的信息内容更符合顾客的内在需要和价值诉求。另外，感知的主动控制性，能激发顾客的心流体验，产生对产品和零售商品牌的兴趣(Novak et al.，2000)。环境心理学认为，顾客在与企业交互过程中感知自己的控制性越强，越容易产生积极的情感和行为。

同样，顾客对线上和线下渠道的感知响应性和沟通性也会对品牌涉入水平产生积极影响。零售商渠道的响应速度以及沟通的双向性有利于增加顾客信任(姚公安等，2008)。如果零售商能够及时提供信息，并保持良好的双向沟通，有利于顾客兴趣和内部需求的培养。顾客对零售商品牌的兴趣和信任的增加，能够降低感知风险，提高感知品牌价值，产生乐于合作的认知和情感状态，从而提高对零售商品牌的涉入水平。

综上，无论是通过线上渠道还是线下渠道，顾客感知的渠道交互性能够积极影响顾客的品牌涉入水平。由此，本章提出假设2。

H2：良好的渠道交互性可以提高顾客对实体零售商品牌的涉入水平。

H2a：感知线上渠道的交互性越强，顾客对实体零售商品牌的涉入水平越高。

H2b：感知线下渠道的交互性越强，顾客对实体零售商品牌的涉入水平越高。

7.3.3 零售商品牌涉入与顾客忠诚

对商家或产品的涉入程度决定了购买过程中决策的重要程度，消费者通常对高涉入的品牌会表现出态度上的忠诚(Russell-Bennett et al.，2007)。顾客对零售商品牌的涉入水平反映了与零售商在认知和情感上的关联程度，影响服务接触中的态度和行为偏好。对零售商品牌高度涉入的消费者通常对企业有很高的了解和认知，建立起了良好的情感联系，因此会产生更高的满意度和持续购买行为。有学者通过实证得出，顾客对企业品牌的涉入水平与忠诚度存在显著的正向关系（Prayag et al.，2012），高涉入水平的顾客更愿意参与企业的服务环节，更容易包容企业的服务过失，保持态度和行为上的忠诚（Abbas et al.，2011）。

无论在线上渠道还是在实体场景，顾客对零售商的品牌涉入也通常被认为是品牌忠诚的驱动因素。因为涉入程度高的消费者往往会表现出主动搜索信息、对品牌的异质性敏感等特点，更愿意参与价值共创，提升感知价值，因而也更容易产生对零售商的态度和行为忠诚。Shang 等（2006）发现在虚拟社区网络中，消费者的情感涉入和认知涉入水平会积极影响浏览和发帖等参与行为，更容易产生社区忠诚。Miquel 等（2002）在个人涉入对选择商店品牌的影响研究中，认为涉入水平不同，顾客对企业信息搜索的强度和信息处理的过程也不同；涉入水平越高，顾客对该企业信息主动搜索频率和强度越大，越容易对该商店产生情感和行为的偏好，增强忠诚程度。由此，我们提出假设 3。

H3：对实体零售商品牌的涉入水平越高，顾客对零售商的忠诚程度越高。

7.3.4 跨渠道整合的影响

（1）顾客视角的跨渠道整合

基于顾客视角，跨渠道整合是以顾客为导向，对渠道资源进行组合和协调的过程，是实现顾客关系管理目标的一种途径。基于该视角，在零售环境中，跨渠道整合即是为了向顾客提供不同渠道间的无缝体验，组合不同渠道类型，将零售商的内部运营投入和策略转化为顾客价值增值，并确保顾客交互积极性和感知服务一致性的过程（Frasquet et al.，2017）。

顾客视角下，在跨渠道交互过程中，跨渠道整合程度主要是指线上渠道界面和线下渠道界面的跨渠道服务一致性，包括信息一致性和过程一致性（Sousa et al.，2006）。信息一致性是指不同渠道与顾客交互的信息之间的一致性，包括传入和传出的信息；过程一致性是指不同渠道间可进行比较的过程属性的一致性，包括服务的感觉、形象、员工的自由应变水平等。

（2）跨渠道整合程度、渠道交互性与零售商品牌涉入

近年来，区别于多渠道零售，全渠道零售学者呼吁对跨渠道交互的综合效应进行实证检验（Piotrowicz et al.，2014）。已有研究认为，跨渠道整合会影响顾客跨渠道购物的感知价值、风险和信任（Hsu et al.，2015）；还可以决定消费

者对多渠道服务商的态度、认知和承诺(Hammerschmidt et al.,2016)。因此,本研究认为跨渠道整合程度可能会影响跨渠道交互对零售商品牌涉入的作用效果。

当跨渠道整合程度低时,渠道间不一致的服务会提高顾客的感知风险,降低对零售商服务质量的整体评价,也会因此降低对零售商品牌的兴趣和信任。由于顾客对零售商品牌的整体不信任,线上渠道和线下渠道的积极作用会相互稀释,从而破坏顾客关系(Liao et al.,2011)。例如,顾客需要向某零售商退换商品,在线上和线下渠道的咨询过程中得到不同的退换货流程和承诺。在这种情况下,即使零售商的线上渠道和线下渠道都有良好的交互性,但顾客会对零售商整体的能力信任和品牌信任产生消极心理状态。因此,来自线上渠道的感知交互性与线下渠道的感知交互性会相互稀释,两种渠道表现为替代关系,降低了顾客对实体零售商品牌的涉入水平。

反之,当跨渠道整合程度高时,顾客感知到的线上渠道交互性和线下渠道交互性可以相互强化,产生跨渠道间信任的"晕轮效应",从而提高对零售商品牌的整体信任水平。当感知到零售商线上、线上渠道的交互过程和交互内容高度一致时,消费者对线上与线下渠道间的信任会相互转移,提升对企业整体信任水平,产生高度的能力信任,即相信零售商有能力满足其对商品和服务的需求(Kim et al.,2008)。另外,在跨渠道整合程度较高时,由于提升了对零售商的信任感,顾客的感知风险也会降低,在跨渠道的服务接触中更能感到放松,提高对产品和服务的兴趣和满意程度,从而强化了对零售商品牌的涉入水平。此外,跨渠道整合程度高的实体零售商,良好的线上渠道交互性可以对线下渠道的顾客体验产生积极影响(Bhargave et al.,2016);同样,感知良好的线下渠道交互性也会使顾客对线上渠道产生兴趣和信任(Kim et al.,2019)。因此,线上渠道和线下渠道表现为互补关系,强化了顾客对零售商品牌的涉入水平。

综上,本章提出假设4。

H4:跨渠道整合的程度不同,跨渠道交互对零售商品牌涉入水平的影响不同。

H4a:跨渠道整合程度低时,线上渠道与线下渠道表现为替代关系,跨渠道交互会降低顾客对实体零售商品牌的涉入水平。

H4b:跨渠道整合程度高时,线上渠道和线下渠道表现为互补关系,跨渠道交互会提高顾客对实体零售商品牌的涉入水平。

7.4 研究设计

7.4.1 样本选取与数据收集

本研究选取在同一实体零售商有多渠道购物或沟通经历的消费者作为调查对象。调查对象为借助“问卷星”调研平台，在亲友、同事、同学之间以滚雪球方式征集的志愿者。借鉴吴锦峰等(2014)的做法，问卷设置了筛选题项，该问题为“你最近一个月在某零售商经营的线下商店和线上商店都曾购买过商品吗”。如果响应者回答“是”，则后续问题为“请您写下该零售商的名称”；如果响应者回答“否”，则结束问答。

本次调查共回收问卷 439 份，有效问卷 387 份，问卷有效率为 88.15%。在 387 名调查对象中，男性 144 名，占 37.2%；女性 243 名，占 62.8%，女性多于男性，符合多渠道购物的现实情境。在年龄结构方面，18 岁至 20 岁占 10.6%，21 岁至 30 岁占 50.6%，31 岁至 40 岁占 30.8%，41 岁及以上占 8.0%，20 岁至 40 岁的青年人是主要的调查对象。教育程度方面，大学专科学历以下占 6.2%，大学专科及本科学历占 73.9%，研究生学历占 19.9%，调查群体的整体教育水平较高。详见表 7-1。

表 7-1　调查对象描述性统计

样本特征		人数	百分比/%	累计百分比/%
性别	男性	144	37.2	37.2
	女性	243	62.8	100
年龄	18～20 岁	41	10.6	10.6
	21～30 岁	196	50.6	61.2
	31～40 岁	119	30.8	92.0
	41 岁及以上	31	8.0	100
教育程度	大学专科学历以下	24	6.2	6.2
	大学专科及本科学历	286	73.9	80.1
	研究生学历	77	19.9	100

7.4.2 变量的测量

本研究所有潜变量的测量问项均来自前人实证研究中的成熟量表，并根据本研究的研究情境进行相应修改，所有问项都采用 Likert 七点式量表等级。

根据 Song 等（2008）的观点，将感知线上交互性分为控制性、响应性、沟通性三个维度，并借鉴其对电子商务网站交互性的测量量表。依据 Florenthal 等（2010）对交互性的概念界定，感知线下交互性也应该由控制性、响应性、沟通性三个维度组成，测量问项根据 Song 等（2008）的量表和 Bitner（1992）对商店服务环境的量表进行改写，并与感知线上交互性的测量问项进行对照。零售商品牌涉入采用 Zaichkowsky（1994）修订的 PII（personal involvement inventory）量表。顾客忠诚的测量问项借鉴 Yi 等（2003）和唐塞丽等（2012）基于零售情境的顾客忠诚量表，包含态度和行为两个方面内容。所有变量的测量问项都通过与本领域 3 位教授、2 位副教授及 6 名博士生的多次讨论而最终确定。

在正式调研之前，对身边有经常在同一家零售商多渠道购物经历的 40 名同事和同学进行预调研，以进一步提炼题项，最终构成本研究的正式测量量表。

7.5　数据分析与结果

7.5.1　信度和效度分析

本研究均采用或借鉴本领域权威期刊发表的成熟测量量表，对于感知线下交互性的测量指标也是经过咨询本领域专家，访谈与同一家零售商有较长时间交互经历的消费者，经多次预试和修改而最终确定的，因此具有良好的内容效度（content validity）。

利用 SPSS 24.0 对数据进行信度和效度分析。验证性因子分析结果表明，各测量指标对潜变量的因子载荷均在 0.60 以上（介于 0.637 至 0.831 之间），整体拟合程度较好，量表具有良好的聚合效度。所有变量的克朗巴哈系数值都在 0.8 以上；组合信度（composite reliability）在 0.8 以上，平均提取方差大于 0.5，表明测量量表具有很高的内部一致信度，见表 7-2。

表 7-2　验证性因子分析结果

变量	题项	因子载荷	抽样适度测定值	克朗巴哈系数	组合信度	平均提取方差
跨渠道整合程度	PC1	0.752	0.791	0.844	0.861	0.609
	PC2	0.831				
	PC3	0.802				
	PC4	0.733				

表 7-2(续)

变量	题项	因子载荷	抽样适度测定值	克朗巴哈系数	组合信度	平均提取方差
感知线上交互性	OI1	0.776	0.855	0.874	0.902	0.537
	OI2	0.801				
	OI3	0.733				
	OI4	0.763				
	OI5	0.720				
	OI6	0.737				
	OI7	0.759				
	OI8	0.729				
感知线下交互性	FI1	0.775	0.884	0.879	0.905	0.546
	FI2	0.711				
	FI3	0.751				
	FI4	0.770				
	FI5	0.726				
	FI6	0.768				
	FI7	0.757				
	FI8	0.764				
零售商品牌涉入	BI1	0.763	0.868	0.893	0.917	0.613
	BI2	0.819				
	BI3	0.783				
	BI4	0.802				
	BI5	0.767				
	BI6	0.790				
	BI7	0.753				
顾客忠诚	CL1	0.710	0.835	0.863	0.882	0.518
	CL2	0.797				
	CL3	0.807				
	CL4	0.676				
	CL5	0.656				
	CL6	0.735				
	CL7	0.637				

判别效度(discriminant validity)能够反映用相同问卷测定不同潜变量时,测量结果之间的辨别性。结果显示,测量模型所有潜变量的平均提取方差的平方根均大于该变量与其他变量的相关系数,表明量表具有较好的判别效度,见表 7-3。但是,表 7-3 的结果显示,独立潜变量之间的相关系数偏高,可能存在多重共线性。所以研究者对潜变量间 VIF 进行检验,各模型潜变量的 VIF 在 1.621 至 2.102 之间,都明显低于 10,说明样本的多重共线性并不显著。

表 7-3 主要变量的描述性统计分析结果($N=387$)

	均值	标准差	1	2	3	4	5
1. 感知线上交互性	5.068	0.936	0.733				
2. 感知线下交互性	5.059	0.909	0.562	0.739			
3. 零售商品牌涉入	4.721	0.879	0.503	0.591	0.783		
4. 顾客忠诚	4.883	0.830	0.540	0.619	0.680	0.720	
5. 跨渠道整合程度	4.521	1.307	0.515	0.427	0.379	0.368	0.780

注:双尾检验;对角线为各变量平均提取方差的平方根;下方为主变量间的相关系数。

因为每一个样本的调查数据均来自同一调查对象,所以会产生共同方法偏差的问题(common method variance)。利用 Harman 单因素检验法对数据的共同方法偏差进行检验,抽取出 5 个未经旋转的公因子,第一个公因子的方差贡献率为 41.49%,未超过 50%,表明共同方法偏差对本研究没有造成太大影响。

7.5.2 回归结果与假设检验

(1) 回归结果

本研究利用分层线性回归法(hierarchical linear regression,HLR)来验证本章所提假设,表 7-4 与表 7-5 分别列出了相应的回归结果。表 7-4 中,模型 1(M1)表示控制变量(性别、年龄、教育程度)对零售商品牌涉入的影响;模型 2(M2)表示控制变量、感知线上交互性和感知线下交互性对零售商品牌涉入的影响;模型 3(M3)表示控制变量对顾客忠诚的影响;模型 4(M4)表示控制变量(性别、年龄、教育程度)、感知线上交互性和感知线下交互性对顾客忠诚的影响;模型 5(M5)是在模型 3、模型 4 的基础上,在自变量中加入零售商品牌涉入,表示控制变量、感知线上交互性、感知线下交互性、零售商品牌涉入对顾客忠诚的影响。

表 7-4　分层线性回归结果 1

	零售商品牌涉入		顾客忠诚		
	模型 1	模型 2	模型 3	模型 4	模型 5
性别	0.093 (0.095)	0.012 (0.075)	0.091 (0.089)	0.009 (0.067)	0.004 (0.060)
年龄	0.102 (0.059)	0.000 (0.047)	0.110** (0.055)	0.009 (0.042)	0.009 (0.037)
教育程度	0.036 (0.091)	0.036 (0.072)	−0.128 (0.086)	−0.127** (0.065)	−0.142** (0.057)
感知线上交互性		0.235*** (0.045)		0.246*** (0.041)	0.148*** (0.038)
感知线下交互性		0.436*** (0.047)		0.422*** (0.043)	0.241*** (0.042)
零售商品牌涉入					0.416*** (0.041)
R^2	0.009	0.392	0.018	0.443	0.561
F 值	1.188	49.192***	2.312	60.588***	80.916***

注：*** 表示 $p<0.01$；** 表示 $p<0.05$；* 表示 $p<0.1$。

利用 SPSS24.0 软件，按照 K 均值聚类方法将跨渠道整合程度变量分为高低两类，聚类中心分别为 5.52 和 3.32（$F=906.242$，$p<0.01$）。表 7-5 显示了跨渠道整合程度高低不同情况下的分层线性回归结果。表 7-5 中，模型 6(M6)、模型 7(M7)和模型 8(M8)表示在跨渠道整合程度低的情况下（$N=176$），控制变量、感知线上交互性、感知线下交互性、感知线上交互性与感知线下交互性的交互项对零售商品牌涉入的分层线性回归结果。模型 9(M9)、模型 10(M10)、模型 11(M11)表示在跨渠道整合程度高的情况下（$N=211$），控制变量、感知线上交互性、感知线下交互性以及它们的交互项对零售商品牌涉入的分层线性回归结果。

（2）假设检验

模型 4(M4)的结果显示，感知线上交互性、感知线下交互性对顾客忠诚都存在显著的正向影响关系（$\beta_{online}=0.246$，$p<0.01$；$\beta_{offline}=0.422$，$p<0.01$），假设 H1a 和 H1b 得到验证。

模型 2(M2)的结果显示，感知线上交互性和感知线下交互性对零售商品牌涉入的直接正向影响显著（$\beta_{online}=0.235$，$p<0.01$；$\beta_{offline}=0.436$，$p<0.01$），H2a 和 H2b 获得支持。

表 7-5 分层线性回归结果 2

	零售商品牌涉入					
	跨渠道整合程度低($N=176$)			跨渠道整合程度高($N=211$)		
	模型 6	模型 7	模型 8	模型 9	模型 10	模型 11
性别	0.164 (0.134)	0.109 (0.101)	0.108 (0.099)	−0.020 (0.126)	−0.069 (0.108)	−0.072 (0.109)
年龄	0.018 (0.085)	0.007 (0.064)	0.011 (0.063)	0.074 (0.078)	−0.006 (0.068)	−0.009 (0.068)
教育程度	−0.005 (0.140)	−0.089 (0.105)	−0.058 (0.104)	0.014 (0.114)	0.115 (0.099)	0.120 (0.099)
感知线上交互性		0.178*** (0.058)	0.120* (0.062)		0.297*** (0.077)	0.292*** (0.077)
感知线下交互性		0.498*** (0.059)	0.424*** (0.065)		0.378*** (0.076)	0.360*** (0.080)
感知线上交互性×感知线下交互性			−0.112** (0.044)			0.048$^{n.s.}$ (0.073)
R^2	0.009	0.450	0.471	0.005	0.273	0.275
F 值	0.519	27.857***	25.074***	.342	15.421***	12.889***

注：*** 表示 $p<0.01$；** 表示 $p<0.05$；* 表示 $p<0.1$；n.s. 表示 $p>0.1$。

模型 5(M5)在模型 4(M4)的基础上，在自变量中加入零售商品牌涉入。结果显示，零售商品牌涉入对顾客忠诚存在显著的正向影响($\beta_{involve}=0.416$，$p<0.01$)，H3 得到验证。

在模型 6(M6)、模型 7(M7)的分层线性回归基础上，模型 8(M8)的回归结果显示，感知线上交互性与感知线下交互性的乘积项对顾客的零售商品牌涉入的影响系数 $\beta=-0.112$($p<0.05$)，说明线上渠道与线下渠道存在替代关系，跨渠道交互会降低顾客的零售商品牌涉入水平，假设 H4a 得到验证。

在模型 9(M9)、模型 10(M10)的分层线性回归基础上，模型 11(M11)的回归结果显示，感知线上交互性与感知线下交互性的乘积项对顾客的零售商品牌涉入的影响系数 $\beta=0.048$($p>0.1$)，在 0.1 的水平上不显著，假设 H4b 没能得到支持。

(3) 中介效应检验

另外，零售商品牌涉入的中介效应还需要作出验证。根据 Muller 等(2005)的建议，比较 M4 和 M5 中的回归系数，β_{online} 由 0.246($p<0.01$)降低为 0.148

($p<0.01$);$\beta_{offline}$由 0.422($p<0.01$)降低为 0.241($p<0.01$),可以说明零售商品牌涉入在感知线上交互性和感知线下交互性对顾客忠诚的影响中发挥中介作用。

但是,由于近年来学者们对该方法的合理性和有效性提出质疑,所以本研究再利用 Preacher 等(2004)提出的 Bootstrap 方法和其开发的 Process 插件进一步检验中介效应。结果发现,零售商品牌涉入对感知线上交互性、感知线下交互性以及两者乘积项的中介效应值的 95% 置信区间分别为(0.185,0.311)、(0.192,0.335)和(0.039,0.121),都不包括 0,说明中介效应显著,详见表 7-6。

表 7-6 中介效应检验的 Bootstrap 分析

中介效应检验	效应值	标准差	置信区间下限	置信区间上限
OI-BI-CL	0.244	0.031	0.185	0.311
FI-BI-CL	0.261	0.037	0.192	0.335
OI×FI-BI-CL	0.107	0.022	0.039	0.121

注:OI 表示感知线上交互性,FI 表示感知线下交互性,BI 表示顾客对零售商品牌涉入水平,CL 表示顾客忠诚。

7.6 本章总结

本章基于顾客视角和服务主导逻辑,实证研究了实体零售商实施全渠道零售战略情境下,跨渠道整合对关系绩效的影响。具体分析了跨渠道交互通过顾客的零售商品牌涉入影响零售商忠诚的过程机理,跨渠道整合程度在此过程中起到重要的边界调节作用。通过理论推演和实证分析,主要得出以下结论:

(1) 实体零售商增加线上渠道后,感知线上交互性和感知线下交互性均能对顾客忠诚产生显著的正向影响。同时,顾客对零售商品牌的涉入水平起到部分中介作用。

这说明不同渠道的交互活动对顾客忠诚的影响是通过顾客对实体零售商整体品牌的涉入而实现的。虽然来自不同渠道的交互感知对顾客忠诚都有较强的影响,但是顾客对零售商的态度和行为忠诚是来自对零售商品牌的认知和情感,而不只是针对某种产品或某个渠道。因此,顾客对实体零售商的品牌涉入可以被认为是全渠道零售情境下,促进企业关系绩效的一条重要路径。

(2) 在跨渠道整合程度较低的情境下,线上渠道与线下渠道表现为替代关系,跨渠道交互会降低顾客对零售商品牌的涉入水平,从而负向影响顾客的零售商忠诚。即如果跨渠道整合程度低,那么跨渠道交互会降低实体零售商的关系绩效。

如果跨渠道整合程度较低,即使零售商的线上渠道和线下渠道都有良好的交互性,但顾客会对零售商整体的能力信任和品牌信任产生消极的心理状态。因此,对于顾客对实体零售商品牌的涉入水平,来自线上渠道的感知交互性与线下渠道的感知交互性会相互稀释,两种渠道会表现为替代关系,降低顾客的零售商忠诚,从而负向影响零售商的关系绩效。

(3) 在跨渠道整合程度较高的情境下,线上渠道与线下渠道之间的互补关系并不显著,跨渠道交互也不会明显提高顾客对零售商品牌的涉入水平,进而无法提高顾客对零售商的忠诚程度。即高程度的跨渠道整合不一定会强化跨渠道交互对实体零售商关系绩效的正向影响。

主要原因可能是,随着互联网技术的普及和移动客户端的发展,跨渠道沟通和交易已经成为多数消费者的普遍消费行为。顾客将渠道之间整合的"一致性"可能更多作为"保健"因素,而不是作为刺激其更加"涉入"的"激励"因素。根据赫兹伯格的"激励-保健"理论,保持一定的跨渠道整合程度,通过线上线下的跨渠道交互,能够维持顾客对实体零售商品牌的认知和情感,但没有强化的效果。在较低的整合程度情形下,跨渠道交互可能会产生稀释效应,渠道之间形成替代关系,会降低零售商的关系绩效。这对正在全渠道零售转型的实体零售商进行顾客关系管理有重要启示。

8 研究结论、应用与展望

本研究基于零售组织、战略管理、新制度经济学以及服务营销等领域的相关理论和思想，综合运用定性和定量研究中的多种技术方法，研究了实体零售商在全渠道零售情境中进行跨渠道整合的动因、过程以及对绩效的影响，得出了具有一定理论价值和实践意义的研究结论。本章对前面的研究结论进行系统归纳和讨论，并提出相应的实践应用，最后说明研究的局限性和未来方向。

8.1 研究结论

（1）实体零售商进行跨渠道整合是外部环境因素和内部环境因素共同驱动的结果。

在外部环境因素中，技术因素，尤其是信息技术，作为推动力量，通过平台机制驱动企业进行跨渠道整合；需求因素作为拉动力量，通过导向机制驱动企业跨渠道整合；竞争因素和制度因素作为逼迫力量，通过压力机制驱动企业跨渠道整合。在内部环境因素中，内部的发展动机和资源基础作为内生动力驱动实体零售商进行跨渠道整合。

（2）实体零售商的跨渠道整合是一个渐进演化的过程，整合进程可以分为六个阶段，随着整合阶段的上升，跨渠道整合的程度也不断提高。

实体零售商的跨渠道整合是资源整合的范围不断扩大以及信息技术的应用水平不断提升的过程，也是跨渠道整合程度不断提高的演化过程。整合进程的六个阶段分别是：建立互联网沟通渠道、建立互联网销售渠道、跨渠道信息一致、跨渠道功能一致、跨渠道策略一致、跨渠道全面一致。

（3）基于企业视角，跨渠道整合与实体零售商的经济绩效之间存在倒U形非线性关系。而且，跨渠道整合对实体零售商经济绩效的正向影响受自身的实体零售经验、人力资本以及外部的市场化水平调节。

跨渠道整合能为实体零售商带来销售收益的增长，但是过度整合会导致收益的边际递减和成本的快速增加，两者之间存在“过犹不及”效应。同时，实体零售经验会弱化跨渠道整合对实体零售商经济绩效的正向影响，即实体零售商从事实体零售时间越长，跨渠道整合对经济绩效的正向影响越弱。而实体零售商的内部人力资本以及外部的市场化水平则强化了跨渠道整合对经济绩效的正向影响。也就是说，实体零售商内部的人力资本状况越好，跨渠道整合对经济绩效的正向影响越强；实体零售商所在经营地区的市场化水平越高，跨渠道整合对经济绩效的积极作用越强。

（4）基于顾客视角，通过顾客对零售商品牌涉入的中介作用，在低程度的跨渠道整合情境下，跨渠道交互会负向影响实体零售商的关系绩效；在高程度的跨渠道整合情境下，跨渠道交互不一定正向影响实体零售商的关系绩效。

在跨渠道整合程度较低的情境下，线上渠道与线下渠道表现为替代关系，跨渠道交互降低了顾客对零售商品牌的涉入水平，并通过中介作用，负向影响顾客对零售商的忠诚程度。在跨渠道整合程度较高的情境下，线上渠道与线下渠道之间的互补关系并不显著，跨渠道交互也不会明显提高顾客对零售商品牌的涉入水平，进而无法提高顾客对零售商的忠诚程度。

8.2 实践应用与启示

本研究的研究结论对处于全渠道零售战略转型期的实体零售商，以及相关行业管理部门，具有一定的实践应用和指导价值。

（1）实体零售商在全渠道零售转型过程中，跨渠道整合要“适度”。

本研究对实体零售商跨渠道整合的动因分析发现，全渠道零售情境下零售商们进行跨渠道整合的驱动力不仅仅来自内部的发展需求和资源基础，而且很大程度上来自外部环境的驱动。很多实体零售商会受外界技术的发展、市场需求的变化以及竞争和制度的压力而盲目地进行跨渠道整合，这可能导致整合程度不符合企业的发展需求和实际资源条件。

通过理论分析发现，跨渠道整合对零售商绩效具有积极作用，但同时也存在消极的一面。利用我国上市实体零售企业的数据，结合扎根理论等多种技术手段和方法，本研究发现并验证了跨渠道整合与实体零售商经济绩效之间的倒 U 形关系，说明整合的程度也不是越高越好，而应该遵循适度性原则。

同样，基于顾客视角，利用消费者感知数据，本研究也得到了跨渠道整合应该适度的证据。也就是，高程度的跨渠道整合情境下，跨渠道交互不一定能够提高实体零售商的关系绩效。

综合对实体零售商跨渠道整合的动因、过程以及基于企业视角和顾客视角获得的实证证据，本研究建议正在全渠道零售转型的实体零售商们，正确评估跨渠道整合对整体绩效带来的积极影响，发挥实体零售的特色和优势，适度地进行渠道整合。

（2）实体零售商应该根据自身的内外部条件，合理地进行跨渠道整合。

第一，相比较而言，具有越多实体零售经验的实体零售商，越应该审慎进行跨渠道的整合，在引入互联网渠道过程中，更应该在渠道类型之间进行合理的区隔。因为本研究的实证结果表明，实体零售经验会弱化跨渠道整合对实体零售商经济绩效的正向影响，即实体零售商从事实体零售的时间越长，跨渠道整合对经济绩效的正向影响越弱。具体原因是，实体零售商原有的零售经验很容易成为组织惯性和核心能力刚性的来源，这会提高跨渠道整合的成本，破坏嵌入到现有流程的隐性知识，最终会对整合的效果产生负面影响。近年来，许多传统实体零售商积极进行互联网渠道的布局和整合，计划依靠其丰富的零售经验和积累促进互联网渠道的销售，提高整体绩效，但均没取得预期的效果。本研究的研究结果为此提供了很好的解释和建议。

第二，实体零售商应该增强内部的人力资本，提高员工适应新技术以及进行跨渠道沟通和互动的能力。本研究的实证结果表明，实体零售商的人力资本强化了跨渠道整合对经济绩效的正向影响，即实体零售商内部的人力资本状况越好，跨渠道整合对经济绩效的正向影响越强。因为良好的人力资本能够支持以信息技术为基础的渠道整合活动，提高整合效率，促进对整体经济绩效的正向影响。由于实体零售的发展历史原因，传统实体零售商的员工多以现场服务为主，而且受教育程度整体偏低。在全渠道零售成为零售行业整体发展趋势的现实背景下，消费者的跨渠道购物将成为常态。这就要求实体零售商提高员工的学习能力，适应新形势的变化，提高跨渠道的沟通、互动和服务能力。

第三，实体零售商还应该根据经营地区的市场化水平或进程，合理地调整跨渠道整合的程度或阶段。因为在市场机制占主导的竞争环境中，企业的战略转型和创新行为才能够获得市场的认可，更有助于实体零售商高效地利用新技术来整合新资源，降低整合成本，提高经济绩效。本研究的实证证据也证实，外部环境的市场化水平会强化跨渠道整合对实体零售商经济绩效的正向影响。也就是说，实体零售商所在经营地区的市场化水平越高，跨渠道整合对经济绩效的积极作用才越强。由于我国各地区之间经济社会发展不均衡的客观原因，不同实体零售商，甚至同一实体零售商不同区域的连锁商店，所面临的市场化环境也各不相同。因此，实体零售商还应该根据经营地区的市场化环境，合理制定跨渠道整合的策略。

(3) 实体零售商在增加渠道类型和数量的过程中，应该注重顾客对零售商品牌的体验。

本研究基于顾客视角的实证结果表明，虽然来自不同渠道的交互感知对顾客的零售商忠诚都有较强的影响，但是顾客对零售商的态度和行为偏好也是来自对零售商品牌的认知和情感。顾客对实体零售商的品牌涉入是全渠道零售情境下，促进关系绩效的一条重要路径。全渠道零售区别于多渠道零售的重要方面在于对零售商整体绩效的重视，而不是单独渠道的绩效。实体零售商在全渠道零售转型中，增加了与顾客的沟通和互动渠道。通过跨渠道整合，同时拥有线上渠道和线下渠道的实体零售商应该重点提高消费者的品牌体验和零售商忠诚，从而促进关系绩效。

（4）政府主管部门应该完善相应的市场机制，为实体零售行业的转型升级创造更好的技术环境、制度环境和市场环境。

技术环境、制度环境和市场环境是实体零售企业进行跨渠道整合的重要驱动因素。政府部门应该为实体零售行业的转型和健康发展提供良好的技术基础设施，推动实体零售商转型升级；制定更加细致和完备的政策和措施，辅助实体零售商提高服务水平和竞争能力。另外，还要加快市场化进程，创造公平竞争的市场环境，降低实体零售商转型和跨渠道整合的成本和风险。

8.3 研究局限与展望

8.3.1 研究局限

本研究在探究实体零售商跨渠道整合的动因、过程以及对绩效的影响方面做出了许多尝试和努力，得出一些有价值的观点和发现，具有重要的理论和实践意义，但仍然存在一些不足和局限：

（1）本研究理论分析了实体零售商跨渠道整合的外部和内部具体动因，但未能对这些因素之间的内在联系和差异进行深入推理和验证。

（2）学术界利用二手资料进行质性研究早有先例，学者们也十分重视二手资料的收集和利用，但是一手访谈和调研资料的缺乏可能仍然会影响扎根理论研究的深度以及各阶段结果的信效度。

（3）虽然我国A股上市的实体零售商具有很高的典型性和代表性，但符合本研究要求的样本企业数量相对偏少，可能对研究结论的普适性造成一定影响。

8.3.2 未来研究展望

针对本研究的不足和局限，未来可以从以下几个方面做进一步研究：

（1）对实体零售商跨渠道整合的具体驱动因素做进一步分析，探讨不同情境下，各因素之间的联系和差异，并提供实证证据。

（2）条件允许的情况下，对高管进行深入访谈，收集一手资料，研究实体零售商跨渠道整合过程的更详细阶段以及各阶段面临的挑战。

(3) 可以采用公开二手资料与一手问卷调研资料相结合的方式,扩大样本企业数量,并创新研究方法,进一步提高实体零售商跨渠道整合理论研究的普适性。

(4) 继续对零售行业进行细分,探讨在更多内外部不同特征影响下,跨渠道整合的差异化问题,更加明确跨渠道整合的适用范围。

参考文献

[1] 卜庆娟，金永生，李朝辉，2017. 顾客如何青睐“社区”与“品牌”：基于价值共创视角的顾客体验价值对顾客忠诚的影响[J]. 营销科学学报，13(2)：1-17.

[2] 陈传明，2002. 企业战略调整的路径依赖特征及其超越[J]. 管理世界(6)：94-101.

[3] 陈立敏，刘静雅，张世蕾，2016. 模仿同构对企业国际化—绩效关系的影响：基于制度理论正当性视角的实证研究[J]. 中国工业经济(9)：127-143.

[4] 陈向明，2000. 质的研究方法与社会科学研究[M]. 北京：教育科学出版社.

[5] 陈艳莹，鲍宗客，2013. 行业效应还是企业效应？中国生产性服务企业利润率差异来源分解[J]. 管理世界(10)：81-94.

[6] 程聪，谢洪明，杨英楠，等，2015. 理性还是情感：动态竞争中企业“攻击—回应”竞争行为的身份域效应[J]. 管理世界(8)：132-146.

[7] 戴魁早，刘友金，2013. 市场化进程对创新效率的影响及行业差异：基于中国高技术产业的实证检验[J]. 财经研究(5)：4-16.

[8] 邓线平，2018. 信息内爆带来大数据“杀熟”[N]. 中国社会科学报，2018-08-14(006).

[9] 董保宝，葛宝山，王侃，2011. 资源整合过程、动态能力与竞争优势：机理与路径[J]. 管理世界(3)：92-101.

[10] 董滨，庄贵军，2018. 网络交互策略与企业间协作的任务技术匹配效应检验[J]. 管理科学，31(5)：30-41.

[11] 杜丹清，2015. 大数据时代的零售市场结构变迁：基于电商企业规模扩张的思考[J]. 商业经济与管理(2)：12-17.

[12] 樊纲，王小鲁，马光荣，2011. 中国市场化进程对经济增长的贡献[J]. 经济研究，46(9)：4-16.

[13] 范钧，2011. 顾客参与对顾客满意和顾客公民行为的影响研究[J]. 商业经济与管理(1)：68-75.

[14] 冯华，陈亚琦，2016. 平台商业模式创新研究：基于互联网环境下的时空契合分析[J]. 中国工业经济(3)：99-113.

[15] 高沛然，李明，2017. 组织 IT 资源对运作敏捷性影响的实证研究[J]. 南开管理评论，20(5)：165-174.

[16] 郭金喜,2007.传统产业集群升级:路径依赖和蝴蝶效应耦合分析[J].经济学家,3(3):66-71.

[17] 郭韬,王广益,王晨,2017.组织学习对企业成长绩效的影响:区域环境的调节作用[J].学习与探索(7):137-143.

[18] 韩小芸,冯欣,2012.旅行社顾客心理授权、顾客参与及服务质量关系研究[J].旅游学刊,27(4):91-98.

[19] 韩耀,2008."Big Middle":国外零售业演化理论新发展[J].世界经济与政治论坛(1):112-118.

[20] 黄漫宇,李圆颖,2017.零售企业全渠道发展水平对经营效率的影响路径及效应研究[J].北京工商大学学报(社会科学版),32(6):35-44.

[21] 黄先开,张丽峰,丁于思,2013.百度指数与旅游景区游客量的关系及预测研究:以北京故宫为例[J].旅游学刊,28(11):93-100.

[22] 霍国庆,王少永,李捷,2015.基于需求导向的产业生命周期及其演化机理研究:以美国典型产业为案例[J].中国软科学(3):16-27.

[23] 纪玉俊,周璐,2016.人力资本、地区市场化水平与产业升级:基于不同门槛水平的实证检验[J].产经评论,7(1):62-70.

[24] 简兆权,令狐克睿,2018.虚拟品牌社区顾客契合对价值共创的影响机制[J].管理学报,15(3):326-334.

[25] 蒋洁,2014.大数据联动的负面效应及应对策略[J].情报资料工作,35(4):10-14.

[26] 解维敏,2016.市场化进程对企业家创新精神的影响研究:基于我国非金融类上市公司的经验证据[J].财经问题研究(12):114-119.

[27] 金万富,王少剑,邓神志,等,2018.互联网技术应用对零售业空间组织影响研究进展[J].人文地理,33(3):1-10.

[28] 雷蕾,2018.纯实体零售、网络零售、多渠道零售企业效率比较研究[J].北京工商大学学报(社会科学版),33(1):44-51

[29] 李飞,李达军,路倩,2017.避免新产品由"先驱"变"先烈":适度营销理论的引出[J].清华管理评论(6):56-63.

[30] 李飞,2006.零售业态创新的路线图研究[J].科学学研究,24(增刊2):654-660.

[31] 李飞,2013.全渠道零售的含义、成因及对策:再论迎接中国多渠道零售革命风暴[J].北京工商大学学报(社会科学版),28(2):1-11.

[32] 李飞,2014.全渠道营销理论:三论迎接中国多渠道零售革命风暴[J].北京工商大学学报(社会科学版),29(3):1-12.

[33] 李飞,2012.迎接中国多渠道零售革命的风暴[J].北京工商大学学报(社会科学版)(3):1-9.

[34] 李召敏,赵曙明,2016.转型经济下民营企业的制度支持、任务导向型战略领导行为与组织绩效研究[J].管理学报,13(3):385-394.

[35] 刘海潮,李垣,2008.竞争压力、战略变化、企业绩效间的结构关系:我国转型经济背景下的研究[J].管理学报,5(2):282-287.

[36] 刘林青,雷昊,谭力文,2010.从商品主导逻辑到服务主导逻辑:以苹果公司为例[J].中国工业经济(9):57-66.

[37] 刘向东,李子文,陈成漳,2017.实体零售商该如何"触网"?[J].商业经济与管理(4):5-15.

[38] 刘向东,2014.移动零售下的全渠道商业模式选择[J].北京工商大学学报(社会科学版),29(3):13-17.

[39] 刘晓峰,顾领,2016.基于消费者转换行为的线上线下产品定价策略研究[J].管理科学,29(2):93-103.

[40] 楼尊,卜笑岚,2012.服务保证中顾客欺骗行为实证研究[J].管理评论,24(5):102-109.

[41] 吕一博,韩少杰,苏敬勤,2016.企业组织惯性的表现架构:来源、维度与显现路径[J].中国工业经济(10):144-160.

[42] 罗珉,夏文俊,2011.网络组织下企业经济租金综合范式观[J].中国工业经济(1):89-98.

[43] 马宝龙,王高,李金林,等,2009.关系营销范式下营销努力对客户行为的影响研究[J].南开管理评论,12(3):152-160.

[44] 孟庆斌,杨俊华,鲁冰,2017.管理层讨论与分析披露的信息含量与股价崩盘风险:基于文本向量化方法的研究[J].中国工业经济(12):132-150.

[45] 齐永智,2017.消费需求驱动的多渠道零售对顾客忠诚影响研究:整合服务视角[D].北京:首都经济贸易大学.

[46] 齐永智,张梦霞,2015.SOLOMO消费驱动下零售企业渠道演化选择:全渠道零售[J].经济与管理研究,36(7):137-144.

[47] 齐永智,张梦霞,2014.全渠道零售:演化,过程与实施[J].中国流通经济,28(12):115-121.

[48] 强国令,闫杰,李刚,等,2015.资源配置效率:市场还是政府?[J].上海经济研究,27(6):53-60.

[49] 芮明杰,李想,2007.零售业态的差异化和演进:产业组织的视角[J].产业经济研究(2):1-7.

[50] 孙乃娟,李辉,2011.感知互动一定能产生顾客满意吗?基于体验价值、消费者涉入度、任务类型作用机制的实证研究[J].经济管理,33(12):107-118.
[51] 唐塞丽,张明立,许月恒,2012.关系利益在零售业忠诚计划和顾客忠诚中的中介效应研究[J].管理学报,9(3):421-427.
[52] 汪旭晖,王东明,郝相涛,2017.线上线下价格策略对多渠道零售商品牌权益的影响:产品卷入度与品牌强度的调节作用[J].财经问题研究(6):93-100.
[53] 汪旭晖,张其林,2013.多渠道零售商线上线下营销协同研究:以苏宁为例[J].商业经济与管理(9):37-47.
[54] 王丰,宣国良,范徵,2002.资源基础观点及其在企业理论中的应用[J].经济理论与经济管理(4):50-54.
[55] 王小鲁,樊纲,余静文,2017.中国分省份市场化指数报告(2016)[M].北京:社会科学文献出版社.
[56] 王鑫鑫,王宗军,2009.国外商业模式创新研究综述[J].外国经济与管理,31(12):33-38.
[57] 卫海英,祁湘涵,2005.基于信息经济学视角的品牌资产生成研究[J].中国工业经济(10):113-120.
[58] 魏谷,孙启新,2014.组织资源、战略先动性与中小企业绩效关系研究:基于资源基础观的视角[J].中国软科学(9):117-126.
[59] 吴锦峰,常亚平,侯德林,2017.传统零售商的线上品牌延伸:追求"线上—线下"还是"线上—原型"一致性[J].南开管理评论,20(2):144-154.
[60] 吴锦峰,常亚平,侯德林,2016.多渠道整合对零售商权益的影响:基于线上与线下的视角[J].南开管理评论,19(2):170-181.
[61] 吴锦峰,常亚平,潘慧明,2014.多渠道整合质量对线上购买意愿的作用机理研究[J].管理科学,27(1):86-98.
[62] 吴先明,苏志文,2014.将跨国并购作为技术追赶的杠杆:动态能力视角[J].管理世界(4):146-164.
[63] 吴小丁,王锐,王晓彦,2007.零售业过度竞争的理论界定及判断标准[J].财贸经济(8):99-103.
[64] 吴晓晖,叶瑛,2009.市场化进程、资源获取与创业企业绩效:来自中国工业企业的经验证据[J].中国工业经济(5):77-86.
[65] 席酉民,2001.企业外部环境分析[M].北京:高等教育出版社.
[66] 夏春玉,2002.零售业态变迁理论及其新发展[J].当代经济科学,24(4):

70-77.
[67] 小宫隆太郎，等. 1988. 日本的产业政策[M]. 黄晓勇，等译. 北京：国际文化出版公司.
[68] 徐淑英，张志学，2011. 管理问题与理论建立：开展中国本土管理研究的策略[J]. 重庆大学学报(社会科学版)，17(4)：1-7.
[69] 许秀梅，2017. 技术资本、人力资本如何提升公司绩效？来自大样本的多视角分析[J]. 科研管理，38(5)：64-76.
[70] 杨兴全，张丽平，吴昊旻，2014. 市场化进程、管理层权力与公司现金持有[J]. 南开管理评论，17(2)：34-45.
[71] 杨兴夏，2017. 规模扩张、竞争战略与上市零售企业绩效[J]. 江汉论坛(8)：25-29.
[72] 姚公安，李琪，2008. 企业网站沟通性与消费者信任的关联路径[J]. 软科学，22(7)：119-123.
[73] 尹贻梅，刘志高，刘卫东，2011. 路径依赖理论研究进展评析[J]. 外国经济与管理，33(8)：1-7.
[74] 袁婷，齐二石，2015. 价值共创活动对顾客价值的影响研究：基于顾客体验的中介作用[J]. 财经问题研究(6)：100-105.
[75] 曾楚宏，林丹明，2006. 信息技术、交易成本与激励：论经济组织形式的中间化[J]. 中国工业经济(6)：75-83.
[76] 曾伏娥，郑欣，李雪，2018. IT 能力与企业可持续发展绩效的关系研究[J]. 科研管理，39(4)：92-101.
[77] 曾萍，宋铁波，2014. 基于内外因素整合视角的商业模式创新驱动力研究[J]. 管理学报，11(7)：989-996.
[78] 张广玲，刘晨晨，王辉，等，2017. 制度压力与跨渠道整合程度关系研究：企业能力的调节作用[J]. 营销科学学报，13(2)：107-126.
[79] 张红娟，谭劲松，2014. 联盟网络与企业创新绩效：跨层次分析[J]. 管理世界(3)：163-169.
[80] 张杰，芦哲，郑文平，等，2012. 融资约束、融资渠道与企业 R&D 投入[J]. 世界经济，35(10)：66-90.
[81] 张沛然，黄蕾，卢向华，等，2017. 互联网环境下的多渠道管理研究[J]. 经济管理，39(1)：134-146.
[82] 张武康，郭立宏，2015. 网络零售业态引入对零售企业绩效的影响研究[J]. 统计与决策(12)：181-184.
[83] 张越，赵树宽，2014. 基于要素视角的商业模式创新机理及路径[J]. 财贸经

济,35(6):90-99.

[84] 周飞,冉茂刚,沙振权,2017.多渠道整合对跨渠道顾客保留行为的影响机制研究[J].管理评论,29(3):176-185.

[85] 周杰,薛有志,吴超,2012.市场化进程、地区开放度与企业跨国并购[J].经济与管理研究,33(12):110-116.

[86] 周铭山,张倩倩,杨丹,2017.创业板上市公司创新投入与市场表现:基于公司内外部的视角[J].经济研究,52(11):135-149.

[87] 周筱莲,庄贵军,2009.零售学[M].北京:北京大学出版社.

[88] 朱金强,李海,2018.辱虐管理对建言影响的曲线效应:价值观和性别的调节作用[J].心理科学,41(4):942-948.

[89] ABBAS A, HASAN S, MEHDI B, et al., 2011. A Study of factors effecting customer citizenship behavior[J]. Interdisciplinary Journal of Contemporary Research in Business,3(1):1169-1190.

[90] AILAWADI K L,FARRIS P W,2017. Managing multi-and omni-channel distribution:metrics and research directions[J]. Journal of Retailing,93(1):120-135.

[91] AKTURK M S,KETZENBERG M,HEIM G R,2018. Assessing impacts of introducing ship-to-store service on sales and returns in omnichannel retailing:a data analytics study[J]. Journal of Operations Management,61:15-45.

[92] AMIT R, ZOTT C, 2001. Value creation in e-business[J]. Strategic Management Journal,22(6/7):493-520.

[93] ANDERSON B S, ESHIMA Y, 2013. The influence of firm age and intangible resources on the relationship between entrepreneurial orientation and firm growth among Japanese SMEs[J]. Journal of Business Venturing,28(3):413-429.

[94] ANDREVSKI G, FERRIER W J, 2019. Does it pay to compete aggressively? contingent roles of internal and external resources[J]. Journal of Management,45(2):620-644.

[95] ANSARI A,MELA C F,NESLIN S A,2008. Customer channel migration[J]. Journal of Marketing Research,45(1):60-76.

[96] ARAGÓN-CORREA J A, SHARMA S, 2003. A contingent resource-based view of proactive corporate environmental strategy[J]. The Academy of Management Review,28(1):71-88.

[97] ARAL S, WEILL P, 2007. IT assets, organizational capabilities, and firm performance: how resource allocations and organizational differences explain performance variation[J]. Organization Science, 18(5): 763-780.

[98] ARYEE S, WALUMBWA F O, SEIDU E Y M, et al., 2016. Developing and leveraging human capital resource to promote service quality[J]. Journal of Management, 42(2): 480-499.

[99] AUH S, BELL S J, MCLEOD C S, et al., 2007. Co-production and customer loyalty in financial services[J]. Journal of Retailing, 83(3): 359-370.

[100] AVERY J, STEENBURGH T J, DEIGHTON J, et al., 2012. Adding bricks to clicks: predicting the patterns of cross-channel elasticities over time[J]. Journal of Marketing, 76(3): 96-111.

[101] BAGGE D, 2007. Multi-channel retailing: the route to customer focus [J]. European Retail Digest, 53: 57-70.

[102] BANERJEE M, 2014. Misalignment and its influence on integration quality in multichannel services[J]. Journal of Service Research, 17(4): 460-474.

[103] BARNEY J B, 2001. Is the resource-based "view" a useful perspective for strategic management research? [J]. Academy of Management Review, 26(1): 41-56.

[104] BARNEY J B, KETCHEN Jr D J, WRIGHT M, 2011. The future of resource-based theory [J]. Journal of Management, 37(5): 1299-1315.

[105] BARNEY J, 1991. Firm resources and sustained competitive advantage [J]. Journal of Management, 17(1): 99-120.

[106] BARWITZ N, MAAS P, 2018. Understanding the omnichannel customer journey: determinants of interaction choice[J]. Journal of Interactive Marketing, 43: 116-133.

[107] BAXENDALE S, MACDONALD E K, WILSON H N, 2015. The impact of different touchpoints on brand consideration[J]. Journal of Retailing, 91(2): 235-253.

[108] BECK N, RYGL D, 2015. Categorization of multiple channel retailing in multi-, cross-, and omni-channel retailing for retailers and retailing[J]. Journal of Retailing and Consumer Services, 27: 170-178.

[109] BELL D R, GALLINO S, MORENO A, 2014. How to win in an

omnichannel world[J]. MIT Sloan Management Review,56(1):45-53.
[110] BELL D R, GALLINO S, MORENO A, 2017. Offline showrooms in omnichannel retail: demand and operational benefits[J]. Management Science,64(4):1629-1651.
[111] BENDOLY E, BLOCHER J D, BRETTHAUER K M, et al, 2005. Online/in-store integration and customer retention[J]. Journal of Service Research,7(4):313-327.
[112] BERMAN B R, EVANS J R, 2010. Retail management: a strategic approach [M]. 11th ed. Boston:Prentice Hall.
[113] BERMAN B,THELEN S,2004. A guide to developing and managing a well-integrated multi-channel retail strategy[J]. International Journal of Retail & Distribution Management,32(3):147-156.
[114] BERNSTEIN F,SONG J S,ZHENG X,2008. "Bricks-and-mortar" vs "clicks-and-mortar": an equilibrium analysis[J]. European Journal of Operational Research,187(3):671-690.
[115] BERRY L L,BOLTON R N,BRIDGES C H,et al. ,2010. Opportunities for innovation in the delivery of interactive retail services[J]. Journal of Interactive Marketing,24(2):155-167.
[116] BHARGAVE R,MANTONAKIS A,WHITE K,2016. The cue-of-the-cloud effect: when reminders of online information availability increase purchase intentions and choice[J]. Journal of Marketing Research, 53(5):699-711.
[117] BITNER M J,1992. Servicescapes: the impact of physical surroundings on customers and employees[J]. Journal of Marketing,56(2):57-71.
[118] BRADLOW E T,GANGWAR M,KOPALLE P,et al. ,2017. The role of big data and predictive analytics in retailing[J]. Journal of Retailing,93(1):79-95.
[119] BROMILEY P,RAU D,2016. Operations management and the resource based view: another view[J]. Journal of Operations Management, 41: 95-106.
[120] BRONIARCZYK S M,GRIFFIN J G,2014. Decision difficulty in the age of consumer empowerment[J]. Journal of Consumer Psychology,24(4): 608-625.
[121] BRYNJOLFSSON E,HU Y J,RAHMAN M S,2013. Competing in the

age of omnichannel retailing[J]. Mit Sloan Management Review,54(4):23-29.

[122] CAO L L,2014. Business model transformation in moving to a cross-channel retail strategy: a case study [J]. International Journal of Electronic Commerce,18(4):69-96.

[123] CAO L,LI L,2015. The impact of cross-channel integration on retailers' sales growth[J]. Journal of Retailing,91(2):198-216.

[124] CAO L L,LIU X,CAO W B,2018. The effects of search-related and purchase-related mobile app additions on retailers' shareholder wealth: the roles of firm size, product category, and customer segment [J]. Journal of Retailing,94(4):343-351.

[125] CHADWICK C,SUPER J F,KWON K,2015. Resource orchestration in practice:CEO emphasis on SHRM,commitment-based HR systems,and firm performance[J]. Strategic Management Journal,36(3):360-376.

[126] CHAFFEY D,2010. Applying organisational capability models to assess the maturity of digital-marketing governance[J]. Journal of Marketing Management,26(3/4):187-196.

[127] CHANG H L,CHOU Y C,WU D Y,et al. ,2018. Will firm's marketing efforts on owned social media payoff? a quasi-experimental analysis of tourism products[J]. Decision Support Systems,107:13-25.

[128] CHEN Y,CHEUNG C M K,TAN C W,2018. Omnichannel business research: opportunities and challenges[J]. Decision Support Systems,109:1-4.

[129] CHEN Y, WANG Y, NEVO S, et al. , 2014. IT capability and organizational performance: the roles of business process agility and environmental factors[J]. European Journal of Information Systems,23(3):326-342.

[130] CHIU H C, HSIEH Y C, ROAN J, et al. , 2011. The challenge for multichannel services: cross-channel free-riding behavior[J]. Electronic Commerce Research and Applications,10(2):268-277.

[131] CHOI T M, CHEN Y, CHUNG S H, 2019. Online-offline fashion franchising supply chains without channel conflicts: choices on postponement and contracts [J]. International Journal of Production Economics,215:174-184.

[132] CORBIN J M, STRAUSS A, 1990. Grounded theory research: procedures, canons, and evaluative criteria[J]. Qualitative Sociology, 13(1):3-21.

[133] COSSÍO-SILVA F J, REVILLA-CAMACHO M Á, VEGA-VÁZQUEZ M, et al., 2016. Value co-creation and customer loyalty[J]. Journal of Business Research, 69(5):1621-1625.

[134] CUMMINS S, PELTIER J W, DIXON A, 2016. Omni-channel research framework in the context of personal selling and sales management[J]. Journal of Research in Interactive Marketing, 10(1):2-16.

[135] DARKE P R, BRADY M K, BENEDICKTUS R L, et al., 2016. Feeling close from afar: the role of psychological distance in offsetting distrust in unfamiliar online retailers[J]. Journal of Retailing, 92(3):287-299.

[136] DU S F, WANG L, HU L, 2019. Omnichannel management with consumer disappointment aversion [J]. International Journal of Production Economics, 215:84-101.

[137] EMRICH O, PAUL M, RUDOLPH T, 2015. Shopping benefits of multichannel assortment integration and the moderating role of retailer type[J]. Journal of Retailing, 91(2):326-342.

[138] ENDERS A, JELASSI T, 2000. The converging business models of Internet and bricks-and-mortar retailers [J]. European Management Journal, 18(5):542-550.

[139] ETHIRAJ S K, LEVINTHAL D, 2004. Bounded rationality and the search for organizational architecture: an evolutionary perspective on the design of organizations and their evolvability[J]. Administrative Science Quarterly, 49(3):404-437.

[140] FALK T, SCHEPERS J, HAMMERSCHMIDT M, et al., 2007. Identifying cross-channel dissynergies for multichannel service providers [J]. Journal of Service Research, 10(2):143-160.

[141] FLORENTHAL B, SHOHAM A, 2010. Four-mode channel interactivity concept and channel preferences[J]. Journal of Services Marketing, 24(1):29-41.

[142] FRASQUET M, MIQUEL M J, 2017. Do channel integration efforts pay-off in terms of online and offline customer loyalty? [J]. International Journal of Retail & Distribution Management, 45(7/8):859-873.

[143] FÜRST A, LEIMBACH M, PRIGGE J K, 2017. Organizational

multichannel differentiation: an analysis of its impact on channel relationships and company sales success[J]. Journal of Marketing, 81 (1):59-82.

[144] GALLINO S, MORENO A, 2014. Integration of online and offline channels in retail: the impact of sharing reliable inventory availability information[J]. Management Science, 60(6):1434-1451.

[145] GALLINO S, MORENO A, STAMATOPOULOS I, 2017. Channel integration, sales dispersion, and inventory management[J]. Management Science, 63(9):2813-2831.

[146] GARAUS M, WAGNER U, KUMMER C, 2015. Cognitive fit, retail shopper confusion, and shopping value: empirical investigation [J]. Journal of Business Research, 68(5):1003-1011.

[147] GENSLER S, LEEFLANG P, SKIERA B, 2012. Impact of online channel use on customer revenues and costs to serve: considering product portfolios and self-selection [J]. International Journal of Research in Marketing, 29(2):192-201.

[148] GIELENS K, VAN DE GUCHT L M, STEENKAMP J B E M, et al., 2008. Dancing with a giant: the effect of wal-mart's entry into the united kingdom on the performance of European retailers [J]. Journal of Marketing Research, 45(5):519-534.

[149] GOERSCH D, 2002. Multi-channel integration and its implications for retail web sites[C]//Proceedings of the 10th European Conference on Information Systems, Information Systems and the Future of the Digital Economy, ECIS, Gdansk, Poland, June 6-8.

[150] GREWAL D, AILAWADI K L, GAURI D, et al., 2011. Innovations in retail pricing and promotions[J]. Journal of Retailing, 87: S43-S52.

[151] GRÖNROOS C, VOIMA P, 2013. Critical service logic: making sense of value creation and co-creation[J]. Journal of the Academy of Marketing Science, 41(2):133-150.

[152] GRÜSCHOW R M, BRETTEL M, 2018. Managing payment transaction costs at multinational online retailers [J]. International Journal of Electronic Commerce, 22(1):125-157.

[153] GULATI R, GARINO J, 2000. Get the right mix of bricks & clicks[J]. Harvard Business Review, 78(3):107-114.

[154] GUSTAFSSON A,KRISTENSSON P,WITELL L,2012. Customer co-creation in service innovation:a matter of communication? [J]. Journal of Service Management,23(3):311-327.

[155] HAANS R F J, PIETERS C, HE Z L, 2016. Thinking about U: theorizing and testing U-and inverted U-shaped relationships in strategy research[J]. Strategic Management Journal,37(7):1177-1195.

[156] HAMMERSCHMIDT M,FALK T,WEIJTERS B,2016. Channels in the mirror: an alignable model for assessing customer satisfaction in concurrent channel systems[J]. Journal of Service Research, 19(1): 88-101.

[157] HARRIS L C,REYNOLDS K L,2003. The consequences of dysfunctional customer behavior[J]. Journal of Service Research,6(2):144-161.

[158] HERHAUSEN D,BINDER J,SCHOEGEL M,et al. ,2015. Integrating bricks with clicks: retailer-level and channel-level outcomes of online-offline channel integration[J]. Journal of Retailing,91(2):309-325.

[159] HERNANT M,ROSENGREN S,2017. Now what? evaluating the sales effects of introducing an online store[J]. Journal of Retailing and Consumer Services,39:305-313.

[160] HEUGENS P P M A R,LANDER M W,2009. Structure! agency! (and other quarrels):a meta-analysis of institutional theories of organization [J]. Academy of Management Journal,52(1):61-85.

[161] HITT M A, XU K, CARNES C M, 2016. Resource based theory in operations management research [J]. Journal of Operations Management,41:77-94.

[162] HOMBURG C, VOLLMAYR J, HAHN A, 2014. Firm value creation through major channel expansions: evidence from an event study in the United States, Germany, and China[J]. Journal of Marketing, 78(3): 38-61.

[163] HSU C L, LIN J C C, 2015. What drives purchase intention for paid mobile apps? an expectation confirmation model with perceived value [J]. Electronic Commerce Research and Applications,14(1):46-57.

[164] HUI H,RADZI M,JENATABADI H,et al. ,2013. The impact of firm age and size on the relationship among organizational innovation, learning, and performance: a moderation analysis in asian food

manufacturing companies[J]. Interdisciplinary Journal of Contemporary Research in Business,5(4):166-174.

[165] JIANG K,XU L Y,BAO X N,2015. The impact of channel integration on channel reciprocity in the multi-channel retailing context[C]// IEEE International Conference on Industrial Engineering and Engineering Management,December 6-9 ,Singapore:1840-1844.

[166] JIN B,PARK J Y,KIM J,2010. Joint influence of online store attributes and offline operations on performance of multichannel retailers[J]. Behaviour & Information Technology,29(1):85-96.

[167] JINDAL R P,REINARTZ W,KRAFFT M,et al. ,2007. Determinants of the variety of routes to market[J]. International Journal of Research in Marketing,24(1):17-29.

[168] JOHNSON G J,BRUNER G C,KUMAR A,2006. Interactivity and its facets revisited:theory and empirical test[J]. Journal of Advertising,35(4):35-52.

[169] JONES N, 2003. Competing after radical technological change: the significance of product line management strategy [J]. Strategic Management Journal,24(13):1265-1287.

[170] KAHNEMAN D,KNETSCH J L,THALER R H,1991. Anomalies:the endowment effect, loss aversion, and status quo bias[J]. Journal of Economic Perspectives,5(1):193-206.

[171] KASABOV E, 2015. What we know, don't know, and should know about confusion marketing[J]. European Journal of Marketing,49(11/12):1777-1808.

[172] KIM D J, FERRIN D L, RAO H R, 2008. A trust-based consumer decision-making model in electronic commerce: the role of trust, perceived risk, and their antecedents[J]. Decision Support Systems,44(2):544-564.

[173] KIM J, KIM M, CHOI J, et al. , 2019. Offline social interactions and online shopping demand: does the degree of social interactions matter?[J]. Journal of Business Research,99:373-381.

[174] KIRAN V,MAJUMDAR M,KISHORE K,2012. Distribution channels conflict and management[J]. Journal of Business Management & Social Sciences Research,1(1):48-57.

[175] KONUŞ U,NESLIN S A,VERHOEF P C,2014. The effect of search channel elimination on purchase incidence,order size and channel choice [J]. International Journal of Research in Marketing,31(1):49-64.

[176] KRAAIJENBRINK J,SPENDER J C,GROEN A J,2010. The resource-based view: a review and assessment of its critiques [J]. Journal of Management,36(1):349-372.

[177] KUMAR V, 2010. A customer lifetime value-based approach to marketing in the multichannel, multimedia retailing environment [J]. Journal of Interactive Marketing,24(2):71-85.

[178] KUMAR V,GEORGE M,PANCRAS J,2008. Cross-buying in retailing: drivers and consequences[J]. Journal of Retailing,84(1):15-27.

[179] KUMAR V, VENKATESAN R, 2005. Who are the multichannel shoppers and how do they perform? correlates of multichannel shopping behavior[J]. Journal of Interactive Marketing,19(2):44-62.

[180] KUSHWAHA T, SHANKAR V, 2013. Are multichannel customers really more valuable? the moderating role of product category characteristics[J]. Journal of Marketing,77:67-85.

[181] LARSEN M M, MANNING S, PEDERSEN T, 2013. Uncovering the hidden costs of offshoring: the interplay of complexity, organizational design, and experience [J]. Strategic Management Journal, 34 (5): 533-552.

[182] LEE A R,SON S M,KIM K K,2016. Information and communication technology overload and social networking service fatigue: a stress perspective[J]. Computers in Human Behavior,55:51-61.

[183] LEEFLANG P S H,VERHOEF P C,DAHLSTRÖM P,et al.,2014. Challenges and solutions for marketing in a digital era [J]. European Management Journal,32(1):1-12.

[184] LEE H H,KIM J,2010. Investigating dimensionality of multichannel retailer's cross-channel integration practices and effectiveness: shopping orientation and loyalty intention[J]. Journal of Marketing Channels,17(4):281-312.

[185] LEE Z W Y,CHAN T K H,CHONG A Y L,et al.,2019. Customer engagement through omnichannel retailing: the effects of channel integration quality[J]. Industrial Marketing Management,77:90-101.

[186] LEMON K N, VERHOEF P, 2016. Understanding customer experience throughout the customer journey[J]. Journal of Marketing, 80: 69-96.

[187] LEVINTHAL D, WU B, 2006. The rational tradeoff between corporate scope and profit margins: the role of capacity-constrained capabilities and market maturity[R]. University of Pennsylvania.

[188] LEVY M, WEITZ B A, GREWAL D, 2013. Retailing management[M]. New York: McGraw-Hill/Irwin.

[189] LEWIS J, WHYSALL P, FOSTER C, 2014. Drivers and technology-related obstacles in moving to multichannel retailing[J]. International Journal of Electronic Commerce, 18(4): 43-68.

[190] LIAO C H, REBECCA YEN H, LI E Y, 2011. The effect of channel quality inconsistency on the association between e-service quality and customer relationships[J]. Internet Research, 21(4): 458-478.

[191] LI G Q, RUBENSTEIN A L, LIN W P, et al., 2018. The curvilinear effect of benevolent leadership on team performance: the mediating role of team action processes and the moderating role of team commitment [J]. Personnel Psychology, 71(3): 369-397.

[192] LI J, KONUŞ U, PAUWELS K, et al., 2015. The hare and the tortoise: do earlier adopters of online channels purchase more? [J]. Journal of Retailing, 91(2): 289-308.

[193] LINDER J, CANTRELL S, 2000. Carved in water: changing business models fluidly[J]. Accenture Institute for Strategic Change Research Report, 12: 1-13.

[194] LIU H F, KE W L, WEI K K, et al., 2010. The role of institutional pressures and organizational culture in the firm's intention to adopt Internet-enabled supply chain management systems [J]. Journal of Operations Management, 28(5): 372-384.

[195] LIU Y P, SHRUM L J, 2002. What is interactivity and is it always such a good thing? implications of definition, person, and situation for the influence of interactivity on advertising effectiveness [J]. Journal of Advertising, 31(4): 53-64.

[196] LI Y, LIU H F, LIM E T K, et al., 2018. Customer's reaction to cross-channel integration in omnichannel retailing: the mediating roles of retailer uncertainty, identity attractiveness, and switching costs [J].

Decision Support Systems,109:50-60.

[197] LUO J F, UNIVERSITY S J T, FAN M, et al., 2016. Information technology, cross-channel capabilities, and managerial actions: evidence from the apparel industry[J]. Journal of the Association for Information Systems,17(5):308-327.

[198] LVINA E,JOHNS G,VANDENBERGHE C,2018. Team political skill composition as a determinant of team cohesiveness and performance[J]. Journal of Management,44(3):1001-1028.

[199] MAIER C,LAUMER S,ECKHARDT A,et al.,2014. Giving too much social support: social overload on social networking sites[J]. European Journal of Information Systems,24(5):447-464.

[200] MAKADOK R, 2001. Toward a synthesis of the resource-based and dynamic-capability views of rent creation[J]. Strategic Management Journal,22(5):387-401.

[201] MARCH J G, 2006. Rationality, foolishness, and adaptive intelligence [J]. Strategic Management Journal,27(3):201-214.

[202] MARTINS L L,RINDOVA V P,GREENBAUM B E,2015. Unlocking the hidden value of concepts: a cognitive approach to business model innovation[J]. Strategic Entrepreneurship Journal,9(1):99-117.

[203] MCGOLDRICK P J,COLLINS N,2007. Multichannel retailing: profiling the multichannel shopper[J]. The International Review of Retail, Distribution and Consumer Research,17(2):139-158.

[204] MCGRATH R G, 2010. Business models: a discovery driven approach [J]. Long Range Planning,43(2/3):247-261.

[205] MELIS K,CAMPO K,BREUGELMANS E,et al.,2015. The impact of the multi-channel retail mix on online store choice: does online experience matter? [J]. Journal of Retailing,91(2):272-288.

[206] MELIS K,CAMPO K,LAMEY L,et al.,2016. A bigger slice of the multichannel grocery pie: when does consumers' online channel use expand retailers' share of wallet? [J]. Journal of Retailing, 92(3): 268-286.

[207] MIQUEL S,CAPLLIURE E M,ALDAS-MANZANO J,2002. The effect of personal involvement on the decision to buy store brands[J]. Journal of Product & Brand Management,11(1):6-18.

[208] MITTAL B, LEE M S, 1988. Separating brand-choice involvement from product involvement via consumer involvement profiles[J]. Advances in Consumer Research, 15(1): 43-49.

[209] MULLER D, JUDD C M, YZERBYT V Y, 2005. When moderation is mediated and mediation is moderated[J]. Journal of Personality and Social Psychology, 89(6): 852-863.

[210] NAMBISAN S, BARON R A, 2009. Virtual customer environments: testing a model of voluntary participation in value co-creation activities [J]. Journal of Product Innovation Management, 26(4): 388-406.

[211] NAM J, EKINCI Y, WHYATT G, 2011. Brand equity, brand loyalty and consumer satisfaction [J]. Annals of Tourism Research, 38(3): 1009-1030.

[212] NEGHINA C, CANIËLS M C J, BLOEMER J M M, et al., 2015. Value cocreation in service interactions[J]. Marketing Theory, 15(2): 221-242.

[213] NESLIN S A, GREWAL D, LEGHORN R, et al., 2006. Challenges and opportunities in multichannel customer management [J]. Journal of Service Research, 9(2): 95-112.

[214] NESLIN S A, SHANKAR V, 2009. Key issues in multichannel customer management: current knowledge and future directions [J]. Journal of Interactive Marketing, 23(1): 70-81.

[215] NEVO, WADE, 2010. The formation and value of IT-enabled resources: antecedents and consequences of synergistic relationships [J]. MIS Quarterly, 34(1): 163.

[216] NICKERSON J A, ZENGER T R, 2002. Being efficiently fickle: a dynamic theory of organizational choice[J]. Organization Science, 13(5): 547-566.

[217] NIELSEN O, 1966. Developments in retailing[J]. Readings in Danish Theory of Marketing, North-Holland: 101-115.

[218] NOVAK T P, HOFFMAN D L, YUNG Y F, 2000. Measuring the customer experience in online environments: a structural modeling approach[J]. Marketing Science, 19(1): 22-42.

[219] OFEK E, KATONA Z, SARVARY M, 2011. "Bricks and clicks": the impact of product returns on the strategies of multichannel retailers[J]. Marketing Science, 30(1): 42-60.

[220] OH L B, TEO H H, 2010. Consumer value co-creation in a hybrid commerce service-delivery system[J]. International Journal of Electronic Commerce, 14(3): 35-62.

[221] OH L B, TEO H H, 2010. Consumer value co-creation in a hybrid commerce service-delivery system[J]. International Journal of Electronic Commerce, 14(3): 35-62.

[222] OH L B, TEO H H, SAMBAMURTHY V, 2012. The effects of retail channel integration through the use of information technologies on firm performance[J]. Journal of Operations Management, 30(5): 368-381.

[223] OLIVER R L, 1999. Whence consumer loyalty? [J]. Journal of Marketing, 63(4_suppl1): 33-44.

[224] PALICH L E, CARDINAL L B, MILLER C C, 2000. Curvilinearity in the diversification-performance linkage: an examination of over three decades of research[J]. Strategic Management Journal, 21(2): 155-174.

[225] PAUWELS K, LEEFLANG P S H, TEERLING M L, et al., 2011. Does online information drive offline revenues? [J]. Journal of Retailing, 87(1): 1-17.

[226] PAUWELS K, NESLIN S A, 2015. Building with bricks and mortar: the revenue impact of opening physical stores in a multichannel environment [J]. Journal of Retailing, 91(2): 182-197.

[227] PAYNE A, FROW P, 2004. The role of multichannel integration in customer relationship management [J]. Industrial Marketing Management, 33(6): 527-538.

[228] PENNINGS J M, 1987. Structural contingency theory: a multivariate test [J]. Organization Studies, 8(3): 223-240.

[229] PENTINA I, HASTY R W, 2009. Effects of multichannel coordination and e-commerce outsourcing on online retail performance[J]. Journal of Marketing Channels, 16(4): 359-374.

[230] PIERCE J R, AGUINIS H, 2013. The too-much-of-a-good-thing effect in management[J]. Journal of Management, 39(2): 313-338.

[231] PIOTROWICZ W, CUTHBERTSON R, 2014. Introduction to the special issue information technology in retail: toward omnichannel retailing[J]. International Journal of Electronic Commerce, 18(4): 5-16.

[232] PRAHALAD C K, RAMASWAMY V, 2004. Co-creation experiences:

the next practice in value creation[J]. Journal of Interactive Marketing, 18(3):5-14.

[233] PRAYAG G, RYAN C, 2012. Antecedents of tourists' loyalty to Mauritius the role and influence of destination image, place attachment, personal involvement, and satisfaction[J]. Journal of Travel Research, 51 (3):342-356.

[234] PREACHER K J, HAYES A F, 2004. SPSS and SAS procedures for estimating indirect effects in simple mediation models [J]. Behavior Research Methods, Instruments, & Computers, 36(4):717-731.

[235] QIAN G M, KHOURY T A, PENG M W, et al., 2010. The performance implications of intra- and inter-regional geographic diversification [J]. Strategic Management Journal, 31(9):1018-1030.

[236] RAPP A, BAKER T L, BACHRACH D G, et al., 2015. Perceived customer showrooming behavior and the effect on retail salesperson self-efficacy and performance[J]. Journal of Retailing, 91(2):358-369.

[237] RAPP A, BEITELSPACHER L S, GREWAL D, et al., 2013. Understanding social media effects across seller, retailer, and consumer interactions[J]. Journal of the Academy of Marketing Science, 41(5): 547-566.

[238] RAWLEY E, 2010. Diversification, coordination costs, and organizational rigidity: evidence from microdata[J]. Strategic Management Journal, 31 (8):873-891.

[239] RIGBY D, 2011. The future of shopping[J]. Harvard Business Review, 89(12):65-76.

[240] ROBEY D, SCHWAIG K S, JIN L, 2003. Intertwining material and virtual work[J]. Information and Organization, 13(2):111-129.

[241] RODRÍGUEZ-TORRICO P, SAN JOSÉ CABEZUDO R, SAN-MARTÍN S, 2017. Tell me what they are like and I will tell you where they buy. An analysis of omnichannel consumer behavior[J]. Computers in Human Behavior, 68:465-471.

[242] ROTHAERMEL F T, HITT M A, JOBE L A, 2006. Balancing vertical integration and strategic outsourcing: effects on product portfolio, product success, and firm performance [J]. Strategic Management Journal, 27(11):1033-1056.

[243] RUSSELL-BENNETT R, MCCOLL-KENNEDY J R, COOTE L V, 2007. Involvement, satisfaction, and brand loyalty in a small business services setting[J]. Journal of Business Research,60(12):1253-1260.
[244] RUST R T,COOIL B,1994. Reliability measures for qualitative data: theory and implications[J]. Journal of Marketing Research,31(1):1.
[245] SAGHIRI S, WILDING R, MENA C, et al. , 2017. Toward a three-dimensional framework for omni-channel [J]. Journal of Business Research,77:53-67.
[246] SCHRAMM-KLEIN H,WAGNER G,STEINMANN S,et al. ,2011. Cross-channel integration-is it valued by customers? [J]. The International Review of Retail,Distribution and Consumer Research,21(5):501-511.
[247] SCOTT W R,2008. Institutions and organizations: ideas and interests [M]. London:SAGE Publications Inc.
[248] SEE-TO E W K, HO K K W, 2014. Value co-creation and purchase intention in social network sites: the role of electronic word-of-mouth and trust-a theoretical analysis[J]. Computers in Human Behavior, 31: 182-189.
[249] SHANG R A,CHEN Y C,LIAO H J,2006. The value of participation in virtual consumer communities on brand loyalty[J]. Internet Research,16(4):398-418.
[250] SHEN X L,LI Y J,SUN Y Q,et al. ,2018. Channel integration quality, perceived fluency and omnichannel service usage: the moderating roles of internal and external usage experience[J]. Decision Support Systems, 109:61-73.
[251] SHERVANI T A, FRAZIER G, CHALLAGALLA G, 2007. The moderating influence of firm market power on the transaction cost economics model: an empirical test in a forward channel integration context[J]. Strategic Management Journal,28(6):635-652.
[252] SIMONE A,SABBADIN E,2017. The new paradigm of the omnichannel retailing: key drivers, new challenges and potential outcomes resulting from the adoption of an omnichannel approach[J]. International Journal of Business and Management,13(1):85.
[253] SIRMON D G, HITT M A, IRELAND R D, 2007. Managing firm resources in dynamic environments to create value: looking inside the

black box[J]. Academy of Management Review,32(1):273-292.

[254] SONG J H,ZINKHAN G M,2008. Determinants of perceived web site interactivity[J]. Journal of Marketing,72(2):99-113.

[255] SOUSA R, VOSS C A, 2006. Service quality in multichannel services employing virtual channels[J]. Journal of Service Research,8(4):356-371.

[256] STRANG R, 2013. Retail without boundaries [J]. Supply Chain Management Review,17(6):32-39.

[257] STRAUSS A,CORBIN J,1998. Basics of qualitative research techniques [M]. London:SAGE Publications Inc.

[258] SYDOW J, SCHREYÖGG G, KOCH J, 2009. Organizational path dependence: opening the black box [J]. Academy of Management Review,34(4):689-709.

[259] TEECE D J, PISANO G, SHUEN A, 1997. Dynamic capabilities and strategic management [J]. Strategic Management Journal, 18 (7): 509-533.

[260] TEO H H,WEI K K,BENBASAT I,2003. Predicting intention to adopt interorganizational linkages: an institutional perspective [J]. MIS Quarterly,27(1):19-49.

[261] TYAGI R K, 2004. Technological advances, transaction costs, and consumer welfare[J]. Marketing Science,23(3):335-344.

[262] VAN BAAL S, 2014. Should retailers harmonize marketing variables across their distribution channels? an investigation of cross-channel effects in multi-channel retailing[J]. Journal of Retailing and Consumer Services,21(6):1038-1046.

[263] VAN BIRGELEN M,DE JONG A,DE RUYTER K,2006. Multi-channel service retailing: the effects of channel performance satisfaction on behavioral intentions[J]. Journal of Retailing,82(4):367-377.

[264] VAN NIEROP J E M,LEEFLANG P S H,TEERLING M L,et al., 2011. The impact of the introduction and use of an informational website on offline customer buying behavior [J]. International Journal of Research in Marketing,28(2):155-165.

[265] VANPOUCKE E, VEREECKE A, WETZELS M, 2014. Developing supplier integration capabilities for sustainable competitive advantage: a dynamic capabilities approach[J]. Journal of Operations Management,32

(7/8):446-461.

[266] VARGO S L,LUSCH R F,2004. Evolving to a new dominant logic for marketing[J]. Journal of Marketing,68(1):1-17.

[267] VARGO S L,LUSCH R F,2016. Institutions and axioms:an extension and update of service-dominant logic[J]. Journal of the Academy of Marketing Science,44(1):5-23.

[268] VARGO S L,LUSCH R F,2008. Service-dominant logic:continuing the evolution[J]. Journal of the Academy of Marketing Science,36(1):1-10.

[269] VENKATESAN R, KUMAR V, RAVISHANKER N, 2007. Multichannel shopping:causes and consequences[J]. Journal of Marketing,71(2):114-132.

[270] VERHOEF P C,KANNAN P K,INMAN J J,2015. From multi-channel retailing to omni-channel retailing:introduction to the special issue on multi-channel retailing[J]. Journal of Retailing,91(2):174-181.

[271] VERHOEF P C, LEMON K N, PARASURAMAN A, et al., 2009. Customer experience creation:determinants,dynamics and management strategies[J]. Journal of Retailing,85(1):31-41.

[272] VERHOEF P C,2012. Multichannel customer management strategy[Z]. Handbook of Marketing Strategy:135-150.

[273] VERHOEF P C, NESLIN S A, VROOMEN B, 2007. Multichannel customer management:understanding the research-shopper phenomenon [J]. International Journal of Research in Marketing,24(2):129-148.

[274] WALLACE D W,GIESE J L,JOHNSON J L,2004. Customer retailer loyalty in the context of multiple channel strategies[J]. Journal of Retailing,80(4):249-263.

[275] WANG C L,AHMED P K,2007. Dynamic capabilities:a review and research agenda[J]. International Journal of Management Reviews,9(1):31-51.

[276] WANG L C,BAKER J,WAGNER J A,et al.,2007. Can a retail web site be social? [J]. Journal of Marketing,71(3):143-157.

[277] WARNICK B J, MURNIEKS C Y, MCMULLEN J S, et al., 2018. Passion for entrepreneurship or passion for the product? a conjoint analysis of angel and VC decision-making[J]. Journal of Business Venturing,33(3):315-332.

[278] WIRTZ J,KUM D,2004. Consumer cheating on service guarantees[J].

Journal of the Academy of Marketing Science,32(2):159-175.

[279] WU I L, WU S M, 2015. A strategy-based model for implementing channel integration in e-commerce [J]. Internet Research, 25 (2): 239-261.

[280] WU L Y, 2010. Applicability of the resource-based and dynamic-capability views under environmental volatility[J]. Journal of Business Research,63(1):27-31.

[281] YI Y, GONG T, 2013. Customer value co-creation behavior: scale development and validation[J]. Journal of Business Research, 66(9): 1279-1284.

[282] YI Y,JEON H,2003. Effects of loyalty programs on value perception, program loyalty, and brand loyalty [J]. Journal of the Academy of Marketing Science, 31(3):229-240.

[283] ZAICHKOWSKY J L,1985. Measuring the involvement construct[J]. Journal of Consumer Research,12(3):341-352.

[284] ZAICHKOWSKY J L, 1994. The personal involvement inventory: reduction, revision, and application to advertising [J]. Journal of Advertising,23(4):59-70.

[285] ZHANG C,PHANG C W,WU Q S,et al.,2017. Nonlinear effects of social connections and interactions on individual goal attainment and spending: evidences from online gaming markets [J]. Journal of Marketing,81(6):132-155.

[286] ZHANG J,FARRIS P W,IRVIN J W,et al.,2010. Crafting integrated multichannel retailing strategies[J]. Journal of Interactive Marketing,24(2):168-180.

[287] ZHANG M,REN C S,WANG G,et al.,2018. The impact of channel integration on consumer responses in omni-channel retailing: the mediating effect of consumer empowerment[J]. Electronic Commerce Research and Applications,28:181-193.

[288] ZHAO L, LU Y B, 2012. Enhancing perceived interactivity through network externalities: an empirical study on micro-blogging service satisfaction and continuance intention[J]. Decision Support Systems,53(4):825-834.

[289] ZHOU K Z, YIM C K B, TSE D K, 2005. The effects of strategic

orientations on technology- and market-based breakthrough innovations [J]. Journal of Marketing, 69(2): 42-60.

[290] ZOMERDIJK L G, VOSS C A, 2010. Service design for experience-centric services[J]. Journal of Service Research, 13(1): 67-82.